정교회 성 대 공의회
**공식 문서**

# 정교회 성 대 공의회
## 공식 문서

2016년 성령 강림 대축일

"성령은 그들 모두를 불러 하나 되게 하셨나니"
(성령강림대축일 콘다키온)

# 차 례

| | |
|---|---|
| 서론 | 7 |
| 공의회를 향한 여정 | 15 |
| 2016년 크레타 정교회 성 대 공의회 회칙 | 25 |
| 정교회 성 대 공의회 메시지 | 49 |
| 현대 세계에서 정교회의 사명 | 57 |
| 정교회 디아스포라 | 73 |
| 교회의 자치와 자치의 선언 방식 | 81 |
| 금식의 중요성과 오늘날 금식의 준수 | 85 |
| 결혼 성사와 그 장애들 | 91 |
| 정교회와 다른 그리스도교 세계와의 관계 | 97 |
| 참석 대표 명단 | 107 |
| **부록** 현대 세계에서 정교회의 사명 **서명 문서** | 117 |

■ 서론

"만약, 21세기가 정교회의 세기로 증명되게 할 수 있다면, 그것은 경배하올 모든 이들의 주님과 삼위 하느님의 은총으로, 하느님께서 좋아하실 꿈의 현실화에 대한 초석인 우리 거룩한 교회의 성 대 공의회가 이루어졌기 때문입니다."

바르톨로메오스 세계총대주교

    2016년 6월 19일부터 26일까지 그리스 크레타 섬의 정교회 아카데미에서 정교회 성 대 공의회가 개최되었습니다. 한국 대주교인 저는 영광스럽게도 하느님의 은총으로 새 로마 콘스탄티노플 세계총대주교관구의 24인 공의회 대표단의 일원으로 선택되어 성 대 공의회에 참석했습니다.
    크레타는 아주 오랜 역사를 가진, 그리스의 가장 큰 섬이고, 크레타 교회는 그 기원이 사도로 거슬러 올라갈 정도로 아주 역사가 깊습니다. 사도행전(27:8)에 따르면, 사도 바울로는 로마로 압송되어가던 항해 도중 역풍을 만나 가까스로 크레타의 '좋은 항구'라는 곳에 닿아 그곳에 머무른 적이 있습니다. 이방인의 사도 바울로는 제자인 사도 디도를 크레타의 첫 번째 주교로 임명하였습니다. 사도 바울로는 이 일에 대해 이렇게 증언합니다. "내가 그대를 크레타 섬에 홀로 남겨 두고 온 것은 내가 거기에서 다하지 못한 일을 그대가 완성하고 내가 일러 둔 대로 도시마다 교회의 원로들을 임명하게 하기 위한 것이었습니다."(디도1:5)

수 세기 만에 다시 열린 정교회 성 대 공의회에 대해, 바르톨로메오스 세계 총대주교는 "지난 천 년 동안 교회의 삶에서 가장 역사적인 사건"이라고 말하였습니다. 이 공의회는 기존의 7차에 걸친 세계공의회와 그 후에 열린 지역 대 공의회들뿐만 아니라, 시간이 지남에 따라 권위를 얻게 된 그 밖의 많은 공의회들의 전통을 계승합니다. 정교회의 구조와 운영은 성경과 함께 세계공의회들과 지역공의회들에서 결정된 교회법(카논)에 근거합니다. 정교회에서는 교회의 근본 구조, 신앙의 교리, 교회 안의 다양한 직무와 역할, 신자들의 윤리적인 삶에 관련된 문제가 제기될 때, 항상 공의회를 열어서 해결해 나갑니다. 이런 까닭에 교회의 삶에서 공의회는 매우 큰 의미를 지닙니다. 정교회의 위대한 신학자 중 한 분인 조오지 플로로프스키 신부의 말에 따르면, "공의회성은 우리가 배우고 분석해야 할 어떤 대상이 아니라 우리가 살아가는 하나의 현실입니다."

## 사도적 공의회 체제

공의회는 초대교회에 그 뿌리를 두고 있습니다. 주님의 명령대로 사도들은 오순절에 "모두 한 곳에 모여 있었고"(사도행전2:1) 그때 성령이 강림하면서 교회의 기초가 세워졌습니다. 사도적 공의회 체제는 성경의 두 가지 사례에서도 확연하게 드러납니다.

A) 주님의 승천 후 사도들은 올리브 산에서 내려와 예루살렘으로 돌아왔습니다. 그리고 묵고 있던 이층 방으로 올라갔습니다. 그 때 베드로의 제안으로 가리옷 사람 유다를 대신할 사도를 뽑기로 했습니다. 사도들과 그리스도인들은 가리옷 사람 유다를 대신해서 사도직을 이어갈 후보로 바르사빠 혹은 유스도라 불리우는 요셉과 마티아를 두 사람을 천거하였습니다. 모두 온 마음을 다해 기도를 드린 후 사도들의 선택

이 아니라 모든 이의 마음을 다 아시는 주님께서 직접 추천해주시길 기대하며 제비를 뽑았고, 그 결과 마티아가 선택되었습니다.(사도행전1:12~26 참조)

B) 엄격한 율법주의의 벽을 뚫고 유대인들에게 복음이 전파된 후 곧이어 이방인들에게도 복음이 전파되기 시작했습니다. 그 때 이방인들이 그리스도인이 되려면 어떤 절차를 거쳐야 하는가에 대한 논란이 생겼습니다. 그리스도인이 되려면 이방인도 유대인의 전통인 할례를 받아야 한다고 주장하는 사람들이 있었기 때문입니다. 그 당시 사도들은 각자 복음을 전파하던 지역에서 임의로 그 문제를 해결하지 않고, 성령의 인도를 받아 해결하기 위해, 기원후 48년 경 예루살렘에 다함께 모여서 회의를 열었습니다. 이를 우리는 사도 공의회라고 부릅니다.(사도행전 15:1~21, 갈라디아 2:1~10) 수많은 토론을 거쳐 민주적으로 뜻을 모은 후 결론을 내렸습니다. 그리고 그 결론은 서신을 통해 유대인 이방인 할 것 없이 모든 그리스도인들에게 전해졌습니다. 그 내용은 이렇습니다. "다음 몇 가지 긴요한 사항 외에는 여러분에게 다른 짐을 더 지우지 않으려는 것이 성령과 우리의 결정입니다. 여러분은 우상에게 바쳤던 제물을 먹지 말고 피나 목 졸라 죽인 짐승도 먹지 마십시오. 그리고 음란한 행동을 하지 마십시오. 여러분이 이런 몇 가지만 삼가면 다 잘 될 것입니다."(사도행전 15:28~29)

## 공의회 체제의 발전

예루살렘에서 열린 사도 공의회는 교회의 삶에서 제기되는 문제들을 해결해 나가는 방식에서 결정적인 기준과 모범이 되었습니다. 이 모범을 따라 고대 교회의 목자들은 지역적으로 혹은 세계적으로 영향을 주는 심각한 문제가 발생할 때마다 이를 해결하기 위해 공의회를 소집했습니다. 지역공의회, 세계공의회들을 통해 교회의 삶은 체계화되었고, 교회의 일치와 운영에 관한 기준이 확립되었습니다.

처음에는 각 지역에 주교를 중심으로 교회가 세워졌고, 기원 후 2세기 중반부터 보다 큰 지역 단위로 지역 공의회들이 개최됨으로써 공의회 체제가 발전되었습니다. 이것은 다 교회의 일치와 보호를 위한 것이었습니다.

교회의 가장 오래된 구조는 대교구 체제로, 대주교는 그의 관할구역 주교들 중에서 첫째 자리에 있었습니다. 이후 교회 일치를 목적으로 하여, 대교구 체제를 넘어서는 더 넓은 범위의 총대주교 관구 체제에 이르게 됩니다. 325년에 개최된 1차 세계공의회에서 대교구 체제가 확립되었고, 이후의 세계공의회들, 특히 2차(381)과 4차(451) 세계공의회에서 대교구 체제를 넘어서는, 총대주교 관구 체제가 확립됩니다.

교회법상 이러한 체제에는 항상 교회 일치의 중심이 되는 "첫 자리"가 있습니다. 이것은 세속적인 권력을 표현하는 것이 아니라 영적인 삶의 표현입니다.

이렇게 해서 교회의 오랜 역사 안에 수많은 공의회들이 개최되었던 것입니다. 그 중 가장 많이 알려졌고 중요한 공의회는, 첫 번째 천 년 동안 나뉘지 않고 일치를 유지했던 교회가 4~8세기 동안에 개최했던 7차에 걸친 세계공의회입니다. 이 세계공의회는 비잔틴 제국 시절 니케아, 콘스탄티노플, 에페소, 칼케돈 등 여러 도시에서 개최되었고, 로마, 콘스탄티노플, 알렉산드리아, 안티오키아, 예루살렘의 5대 총대주교 관구의 대주교들, 사제들, 보제들을 비롯하여 수도자들과 신자들이 함께 참여하였습니다.

사도들의 신앙 전통을 계승하고 따르는 정교회는 동·서방 교회분열(1054년) 이후 두 번째 천 년 동안에도 사도적인 공의회 체제를 계속해서 계승해왔습니다. 지금도 정교회의 조직과 운영은 예전과 마찬가지로 공의회적인 방식을 고수하고 있다는 것입니다. 말하자면 모든 정교회와 관련된 중대한 사안들의 경우, 정교회의 모든 독립(autocephalous) 교회들이 참석하는 범정교회 공의회를 통해 결정하고 해결해 나간다는 말입니다. 이 범정교회 공의회에서 세계총대주교는 "동등한 자들 가운데 첫째"(Primus Inter Pares)로서 의장 역할을 맡습니다. 한 개인의 생각만이 지배하는 전제주의 방식이나 중심이 없이 개인의 생각이 무질서하게 난무하는 무정부주의 방식은 정교회 안에 존재하지 않습니다. 공의회는 민주적이며 모든 이들의 의견을 존중합니다. 니케아의 1차 세계공의회의 카논(교회법) 6항에서 언급하듯이 "만약 둘이나 셋이 반대 한다면, 다수의 의견이 이깁니다." 이것은 교회의 오래된 전승으로서 거룩한 사도들과 우리 교회의 교부들이 지켜온 전통입니다.

세계공의회는 경이로운 일치와 지속적인 가르침의 끊이지 않는 사슬입니다. 이를 통해 오늘날까지도, 정교회 교리의 핵심을 이루는 오류가 없는 세 가지 교리, 즉 성삼위 하느님에 관한 교리, 예수 그리스도에 관한 교리, 구원에 관한 교리가 선포되었습니다. 정교회는 세계공의회의 결정사항에 대해, 영속성, 절대성, 권위, 보편성, 필수성의 특징을 부여합니다. 또한 세계공의회의 결정과 교리적 선언은 거룩한 전승의 주된 기록 유산으로서 성경에 못지않은 가치와 중요성을 가지고, 따라서 성경과 함께 교회의 교리적 가르침의 주요한 원천이 됩니다.

정교회는 이 공의회 방식을 고수함으로써 변함없이 신앙의 진리를 수호하며 2천 년 동안 지속되어왔습니다.

공의회 체제는 모든 이들이 신성한 감사의 성찬예배(성체성혈 성사)에 참여하는 것으로 완성됩니다. 신성한 감사의 성찬 성사는 우리 주 예수 그리스도를 중심으로 한 정교 신앙의 일치와 성사의 동일성을 드러냅니다.

정교회들의 독립성(Αυτοκεφαλία)은 각 지역 교회의 행정적, 사목적 자유를 표현하고, 모든 정교회가 성사적 일치 속에서 봉헌하는 감사의 성찬 예배와 정교회의 공의회 체제는 정교회의 완전한 일치를 드러냅니다. 바르톨로메오스 세계총대주교는 성 대 공의회(2016, 6, 25) 폐회사에서 이렇게 말합니다. "독립 교회(Αυτοκεφαλία) 제도에도 불구하고, 우리는 분열되지 않은 하나의 교회입니다. 우리는 다양성 안에서 일치를 이루고, 일치 속에서 다양성을 누립니다."

## 성 대 공의회의 초기단계

정교회 일치의 보증으로서 세계총대주교청은 교회법에 따라 모든 범정교회 공의회에서 첫 자리를 점하는 의장이 됩니다.

20세기 초 세계총대주교청은 범정교회 공의회 소집을 위해 힘썼습니다. 요아킴 3세 세계총대주교는 1902년과 1904년 모든 정교회에 보낸 두 개의 회칙에서 범정교회 공의회 소집을 주창하셨습니다. 하지만 이 범정교회 공의회 제안은 제1차 세계대전으로 인한 세계정세의 불안정과 오랜 역사 동안 정교 국가들이었던 동유럽 국가들의 공산화로 차질을 빚습니다. 그럼에도 불구하고 현대문명이 인류에게 가져온 세계화와 급격한 사회 변화에 따라 범정교회 공의회 소집의 필요성은 점점 더 절실해졌습니다.

1923년 콘스탄티노플에서 첫 번째 범정교회 만남이 이루어졌고, 1930년 아기온 오로스(아토스 성산)에서 준비 위원회 구성을 위한 만남이 이루어졌습니다.

2차 세계대전이 종식된 후, 영원히 기억될 아테나고라스 세계총대주교(1948~1972)는 다시 한 번 범정교회 공의회의 소집을 위해 힘찬 노력을 기울입니다. 1961년, 1963년 그리고 1964년에 그리스의 로도스 섬에서 열린 '범정교회 컨퍼런스'에서 그리고 1967년 스위스 샹베지 세계총대주교청 정교 센터에서 열린 '범정교회 컨퍼런스'에서 공의회의 주요 토론 주제들이 결정되었습니다. 또한 샹베지에 공의회 준비 위원회가 설치되었고, '범정교회 공의회 준비 컨퍼런스'를 열어나가기로 결정했습니다. 이 컨퍼런스는 1976~2009년까지 샹베지에서 4차에 걸쳐 개최되었습니다. 이렇게 해서 정교회 성 대 공의회는 처음 제안된 후 수십 년이 지난 2016년에, 1991년 세계총대주교좌에 착좌하신 후 바로 공의회 소집을 위해 노력하신 바르톨로메오스 세계총대주교에 의해 소집되었습니다. 성 대 공의회는 장소는, 2014년 3월 '정교회 수장들의 회합'의 결정에 따라 381년 2차 세계공의회가 열린 콘스탄티노플의 성 이리니 성당으로 정해졌지만, 이후 2016년 1월 샹베지에서 열린 '정교회 수장들의 회합'(2016년 1월 21~28일)에서는 중동과 콘스탄티노플의 불안한 정치 상황으로 인해 성 대 공의회의 장소를 크레타 섬의 정교 아카데미로 변경하였습니다.

## 성 대 공의회의 구성원들

크레타에서 열린 정교회 성 대 공의회에 참석한 독립교회들은 다음과 같습니다. 전통적인 5대 관구에 속하는 콘스탄티노플, 알렉산드리아, 예루살렘 총대주교 관구 교회와 나중에 새로이 총대주교 관구 교회가 된 세르비아와 루마니아 교회, 그리고 키프로스, 그리스, 알바니아, 폴란드, 체코의 독립교회가 참석하였습니다. 각 교회의 대표단은 24명의 주교들로 구성됩니다. 또한 특별 자문의 자격으로 몇몇의 성직자와 일반신자도 참석하였습니다. 안티오키아와 러시아, 불가리아, 조지아 총대주교 관구 교회들의 불참이 이 성 대 공의회의 의미를 퇴색시키지는 못합니다. 시공간에 구애됨이 없이 성 대 공의회의 주제와 회의 내용들은 각 교회와 신자들을 대표하는 대표단에 의해 신중하고 진지하게 다뤄졌고 한 목소리로 결정되었습니다. 네 교회의 불참은 주제와 논의의 본질과 관계가 없으나 각 개별 교회의 내부 문제와 소통의 문제가 있었기 때문입니다.

## 성 대 공의회의 주제들

크레타의 성 대 공의회에서는 다음의 6가지 주제에 관해 논의하였습니다.

1. 현대 세계에서 정교회의 사명
2. 정교회 디아스포라
3. 교회의 자치와 자치의 선언 방식
4. 금식의 중요성과 오늘날 금식의 준수
5. 결혼 성사와 그 장애물들
6. 정교회와 다른 그리스도교 세계와의 관계들

## 성 대 공의회의 의장

　교회법과 공의회 전통에 따라 콘스탄티노플 교회의 최고 수장이신 바르톨로메오스 세계총대주교가 성 대 공의회의 의장을 맡으셨습니다. 의장직을 수행하면서 보여준 세계총대주교의 태도는 성 대 공의회 시작 전 참석자들에게 행한 설교에 잘 드러납니다. "존경하는 형제 여러분, 잘 아시다시피 콘스탄티노플의 주교는 다른 목적이나 계획이 없습니다. 나는 다만 수세기 동안 이어져온 교회가 정한 거룩한 교회법에 따라 책임을 다하여, 모든 곳의 형제 교회들과 모든 정교회 신자들이 화합하고 협력하는 하나의 정교회를 만들기 위해 노력할 것입니다."(정교회 수장들의 회합, 크레타 2016년 6월 17일)

## 성 대 공의회 결정사항 출판

　성 대 공의회는 여섯 주제에 대해 많은 시간 논의한 끝에 공의회에 참석한 모든 주교들은 이 서명한 공식 문서들을 채택하였고, 이를 각각 그리스어, 러시아어, 프랑스어, 영어로 작성하였습니다. 성 대 공의회가 끝난 후 공의회 공식 문서들은 다양한 언어로 번역 출간되었습니다.

　성 대 공의회 공식 문서들의 한국어 번역본이 필요함을 절실히 느낀 우리는, 사랑하는 한국의 신자들과 모든 그리스도인들에게도 이 공의회의 결정사항을 알릴 수 있도록 한국어번역판을 출간하기로 결정하였습니다.

　그러므로 진리를 지켜 나감에 있어서 정교회의 공의회 체제가 가지는 큰 의미를 이해하고, 물려받은 신앙을 잘 보존하여 다음 세대에 전해줄 수 있기를 기원합니다.

† 조성암 대주교
† 조성암 암브로시오스 한국의 대주교

# 공의회를 향한 여정

텔메소스의 대주교 욥

## 1. 간략한 역사

당시 정교회 앞에 나선 문제들을 헤쳐 나가기 위해 협력해달라고 모든 독립 정교회 수장들에게 요청한, 세계총대주교 요아킴 3세의 1902년 세계총대주교청 주교회의 회칙은, 범(凡) 정교회 대(大) 공의회를 준비케 한 불씨였다. 1930년 세계총대주교 포티오스 2세는 아토스 성산의 바토페디우 대수도원에, 이를 준비하기 위한 '정교회 위원회'의 모임을 소집했고, 여기서 처음으로 앞으로 처리되어야 할 17가지의 주제 목록이 정해졌는데, 그중에는 정교회들 사이의 관계, 정교회와 타 교회들, 정교회와 타 그리스도교파들과의 관계, 전례력(달력)의 문제, 그 밖의 다양한 치리 문제들이 있었다. 19세기 말과 20세기 초 새로운 독립 교회들의 출현으로 정교회가 경험하게 된 심각한 변화, 그리고 1차 세계 대전으로 이미 혼란에 빠진 새로운 세기가 교회에 던지는 도전들로 인해, 이 공의회가 필수적인 것임이 드러났다.

## 2. 세계총대주교 아테나고라스의 기여

세계총대주교 아테나고라스는 2차 세계대전 이후 총대주교관구 정교회들과 독립 정교회들의 수장들에게 1951년과 1952년 두 차례에 걸쳐 서신을 보냄으로써, 공의회 소집 구상을 제시했다. 하지만 1961년이 돼서야 로도스 섬에서 첫 번째 '범정교회 컨퍼런스'가 소집될 수 있었고, 여기서 공식적이고 결정적으로 정교회 성 대 공의회를 준비하는 과정이 착수되었다. 이 컨퍼런스는 대 공의회가 다루어야 할 매우 긴 주제 목록을 승인했고, 이는 후에 8개의 범주로 분류되었다. 그것은 다음과 같다. 1) 신앙과 교리, 2) 신성한 예배, 3) 교회의 운영, 4) 정교회들 간의 관계, 5) 정교회와 나머지 그리스도교 세계와의 관계, 6) 정교와 세계, 7) 교회법 엄수(acribia)와 이코노미아(oikonomia)의 관계 문제, 정교회와 타종교의 관계 문제, 안락사 문제, 화장장의 문제 등과 같은 신학적 주제들, 8) 가족, 청년, 차별 등과 같은 사회적 문제들.

지나치게 야심찬 것으로 여겨진 이 목록은, 정교회들 사이의 관계, 정교회와 나머지 그리스도교 세계와의 관계, 현대 세계에서 정교회의 증언, 이렇게 세 가지 커다란 영역에 집중하길 원했던, 1976년 샹베지의 첫 번째 '범(凡) 정교회 공의회 준비 컨퍼런스'에 의해 10개 주제로 축소되었다. 그때부터 10개 주제는 성 대 공의회의 주된 안건으로 나타나게 된다. 이는 다음과 같다. 1) 전례력(달력)의 문제, 2) 결혼의 장애들, 3) 현대적 조건에 맞게 금식 규정을 조정하는 것, 4) 정교회와 타 그리스도교 교회들, 타 그리스도교 교파들과의 관계, 5) 정교회와 에큐메니칼 운동의 관계, 6) 정교회와 세상의 관계, 7) 정교회 디아스포라의 문제, 8) 독립교회(autocephalous church)와 그것의 선언 방식, 9) 자치교회(autonomic church)와 그것의 선언 방식, 10) 정교회의 기도 명부들(diptychs).

## 3. 공의회 준비의 길고도 복잡한 과정

1976년 샹베지의 1차 '범정교회 공의회 준비 컨퍼런스'는 또한 성 대 공의회의 준비 과정을 확정했다. '성 대 공의회 준비를 위한 사무국'이 샹베지 세계총대주교청 정교 센터에 설치되었다. 사무국은 이미 정해진 10개의 주제들 각각에 대한, 각 총대주교관구 정교회들과 독립 정교회들의 의견들을 취합하고, 각 주제에 대한 보고서를 작성하여 '정교회 간(間) 준비 위원회'에 제출하여 검토 받도록 했다. 세계총대주교는 총대주교관구 정교회와 독립 정교회들 모두의 합의가 이뤄질 때까지 필요하다면 언제라도 '정교회 간 준비 위원회'를 소집하기로 하였다.

이렇게 해서 합의를 반영하는 문서는 사무국이 곧바로 각 지역 정교회의 거룩한 주교회의에 보내 승인을 받거나, 다시 한 번 평가를 받는다. 있을 수 있는 각 교회의 평가들은 다시 사무국으로 보내지고, 사무국이 이를 반영하여 작성한 최종 문서는 세계총대주교가 소집한 '정교회 성 대 공의회 준비 컨퍼런스'에 의해 토론되고 만장일치로 채택되어야 했다. 이것은 공의회에서 토론되고 채택될 다양한 주제에 관한 문서들을 작성함에 있어서 최종적인 단계를 구성한다. 이로부터 우리는 만장일치의 원칙에 입각해 있는 성 대 공의회의 길고도 복잡한 준비 과정을 이해하게 된다.

이러한 정신 안에서, 1982년 샹베지의 2차 '정교회 성 대 공의회 준비 컨퍼런스'는 결혼에 장애가 되는 문제들, 현대적 조건에서 금식 규정의 적용 문제, 달력 문제 (특별히 샹베지에서 정교회 천문학자들과 교회법학자들의 사전 회합을 통한 공동의 부활대축일 확정 문제)에 관한 문서를 채택했다. 1986년 샹베지의 3차 '정교회 성 대 공의회 준비 컨퍼런스'는 "민족 간의 평화, 정의, 자유, 우애와 사랑의 실현과, 인종차별과 그 밖의 모든 차별의 철폐에 있어서 정교회의 기여"에 관한, 그리고 정교회와 에큐메니칼 운동의 관계, 정교회와 다른 그리스도교 세계와의 관계에 관한 문서를 채택하였고, 또한 참석 대표들의 3분의 2 이상의 찬성으로 결정될 절차적 문제들을 제외한 모든 결정들은 합의를 통해서 이뤄져야 한다는, '정교회 성 대 공의회 준비 컨퍼런스'와 '정교회 간 준비 위원회'의 일반적인 규칙을 채택하였다.

2009년 4차 '정교회 성 대 공의회 준비 컨퍼런스'는 12개 지역의 '정교회 주교 회합'(Episcopal assemblies)을 승인했다. 12개 지역은 다음과 같다 : 1) 북-중 아메리카, 2) 남아메리카, 3) 오스트렐리아-뉴질랜드-오세아니아, 4) 영국-아일랜드, 5) 프랑스, 6) 벨기에-네덜란드-룩셈부르크, 7) 오스트리아, 8) 이탈리아와 몰타, 9) 스위스, 10) 독일, 11) 스칸디나비아, 12) 스페인과 포르투갈. 이후 2014년 '정교회 수장들의 회합'(Synaxis of primates)에서 북-중 아메리카는 다시 캐나다와 미국으로 나뉘었고, 멕시코는 라틴 아메리카로 알려진 남아메리카에 편입되었다. 이 '정교회 성 대 공의회 준비 컨퍼런스'는 또한 이 '주교 회합'(Episcopal assemblies)의 일반적 운영 규칙을 채택하였다.

## 4. 공의회를 향한 여정의 마지막 과정

2014년 3월 콘스탄티노플 파나르 세계총대주교좌에 모인 '정교회 수장들의 회합'(Synaxis of primates)은, 1982년과 1986년 2차 3차 '정교회 성 대 공의회 준비 컨퍼런스'가 채택한 몇몇 문서들에 대한 재검토 혹은 세밀한 수정 혹은 재작성을 위한 '정교회 간 특별 위원회'를 소집하기로 결정하였다. 더 나아가 이 '정교회 수장들의 회합'은 공의회가 이뤄지는 동안 모든 결정은 합의의 원칙에 기초한 만장일치로 이뤄질 것이라는 규칙을 채택하였다. 또한 예기치 못한 사건에 의한 것이 아니라면, 정교회 성 대 공의회는 세계총대주교에 의해 2016년 콘스탄티노플에 소집될 것이라고 결정하였다. 공의회는 이미 확립된 바에 따라 세계총대주교에 의해 주재되고, 다른 정교회의 수장들은 그의 좌우에 착석하게 될 것이다. 각 교회는 수장과 24명의 주교로 구성된 대표단을 보낼 것이다.

'정교회 간 특별 위원회'는 2014년 10월, 2015년 2월 그리고 2015년 3-4월에, 샹베지의 세계총대주교청 정교 센터에 모여서, 정교회와 에큐메니컬 운동의 관계, 정교회와 다른 그리스도교 세계의 관계에 관한 문서들을 재검토하였고, 이 두 문서를 "정교회와 나머지 그리스도교 세계와 관계들"이라는 제목의 한 문서로 통합하였다. 더 나아가 "민족 간의 평화, 정의, 자유, 우애와 사랑의 실현과, 인종차별과 그 밖의 모든 차별의 철폐에 있어서 정교회의 기여"에 관한 문서 또한 위원회에 회부되어 수정되었다. 금식 규정 문제에 관한 문서는 문서작성의 순서에 관한 몇몇

사소한 수정만으로 마무리되었다.

 2015년 10월, 샹베지의 5차 '정교회 성 대 공의회 준비 컨퍼런스'는 2009년 '정교회 간 준비위원회'에서 공들여 작성된 "교회의 자치와 그것의 선언 방식"에 관한 문서를 승인했다. 또한 2014년 10월, 2015년 3-4월 모임에서 '정교회 간 특별 위원회'가 재검토한 범정교회 공의회의 문서

계획들을 검토했다. "정교회와 나머지 그리스도교 세계와의 관계들"과 "금식의 중요성과 오늘날 금식의 준수"란 제목의 문서들이 승인되었다. 반면, "민족 간의 평화, 정의, 자유, 우애와 사랑의 실현과, 인종차별과 그 밖의 모든 차별의 철폐에 있어서 정교회의 기여"라는 제목의 문서는 "현대 세계에서 정교회의 사명"이라는 제목으로 바뀌었고, 만장일치에 도달하지 못하였기에, 러시아 교회와 조지아 교회 대표단의 수석대표는 문서에 서명하지 않았다.

### 5. 2016년 1월 '수장들의 회합'(Synaxis of primates)

이렇게 해서, 성 대 공의회의 10개 주제 중, 2개는 많은 노력을 기울였음에도 불구하고, '정교회 간 준비 위원회'의 모임들에서 합의에 도달할 수 없었다. 그것은 "독립교회와 그것의 선언 방식의 문제"와 "기도 명부의 문제"에 관한 것이다. 2016년 1월 샹베지에 모인 '정교회 수장들의 회합'은 이 두 주제를 정교회 성 대 공의회에서는 검토하지 않고, 후에 있을 또 다른 공의회에서 다루자고 결정했다. 이 회합은 또한 몇몇 지역 정교회가 원하지 않을 뿐만 아니라 준비가 되어있지 않다고 주장함으로써, "달력 개혁"의 문제도 논의 주제에서 제외하기로 결정했다. 더 나아가 이 회합은 이때부터 "결혼 성사와 그것의 장애들"이라 명명된 결혼의 장애들에 관한 문서를 상당한 정도로 재작업 하였다. 이 문서에는 안티오키아 교회와 조지아 교회가 서명하지 않았다. 안티오키아 교회는 2016년 1월 '정교회 수장들의 회합'의 결정들에 대해서도 동일하게 서명하지 않았다. "정교회와 에큐메니칼 운동의 관계"와 "정교회와 나머지 그리스도교 세계와의 관계"에 관한 두 문서가 단 하나의 문서로 결합되었다는 것을 고려하면, 결과적으로 2016년 회합에 의해 승인된 공의회의 6개 주제와 관련 문서는 다음과 같다.

1. 현대 세계에서 정교회의 사명
2. 정교회 디아스포라
3. 교회의 자치와 자치 선언 방식
4. 결혼 성사와 그 장애들
5. 금식의 중요성과 오늘날 금식의 준수
6. 정교회와 나머지 그리스도교 세계의 관계들

2016년 1월 '정교회 수장들의 회합'은 근동 지역의 어려운 정치적 상황을 고려하여 콘스탄티노플에서 공의회를 개최하는 것을 포기하고 최종적으로 2016년 6월 18일-27일까지 크레타 섬의 정교회 아카데미에서 성 대 공의회를 개최하기로 결정하였다. 공의회는 정교회 전례력에 따른 성령강림대축일에, 신성한 성찬 예배 후 개회될 것이고 모든 성인들의 축일 주일에 폐회될 것이다.

회합은 또한 정교회 성 대 공의회의 조직과 활동의 규칙에 관한 문서를 채택하였다. 안티오키아 교회는 이 문서에 서명하지 않았다. 이 문서에 따르면, 2014년 '정교회 수장들의 회합'에서 결정된 바와 같이, 24명의 주교로 구성된 각 지역 정교회 대표단은 "각 교회별로 6명을 넘지 않는, 수도사 혹은 평신도로 이뤄진 교회의 특별 자문위원들과 3명의 조력자를 동행할 수 있다"(3항). 공의회의 공식 언어는 그리스어, 러시아어, 프랑스어, 영어이고, 활동 언어로 아랍어가 추가될 것이다(9항). 더 나아가 공의회의 범 정교회 사무국이 설립되었고, 이는 "각 대표단에 속한 1명의 성직자와, 사무국의 활동을 감독하는, 성 대 공의회의 준비를 위한 비서로 구성되었다"(6항). 이 15명의 주교는 "그들의 활동에 있어서, 지역 정교회들의 대표단 자문위원들 중에 선택된, 수도사 혹은 평신도 교회 자문위원들의 조력을 얻게 될 것이다. … 이 자문위원들은 각 교회별로 2명을 넘을 수 없다"(6항). 바로 이 사무국이 2016년 3월부터 활동에 들어갈 것이고, 이 공의회에 참석할 언론기자들을 상대하게 될 것이다(16항). 이 언론기자들과 공의회에 초대된 타 교회와 타 그리스도교파 그리고 다양한 그

리스도교 조직들의 참관인들은 공의회의 개회 회기와 폐회 회기에 참석할 수 있다. 하지만 당연히 발언과 투표의 권한은 없다(14항과 16항).

　이렇게 해서 40여 년 동안 지속된, 정교회 성 대 공의회를 준비하기 위한 긴 호흡의 활동이 마무리되었다. 그 방법론 - 합의의 방법 혹은 만장일치의 방법 - 의 장점은, 비록 많은 어려움이 있겠지만, 성 대 공의회가 분열의 계기가 아니라 정교회의 통일성을 드러낼 것이라는 데 있다. 이를 위해, 정교회 신자들은 성령께서 공의회의 모든 교부들에게 영감을 주시고 인도해주시길 기도해야 한다. 이런 까닭에, 2016년 1월 샹베지에 모인 '정교회 수장들의 회합'은 "겸손하게 성 삼위 하느님의 은총과 강복을 구하면서, 성 대 공의회까지 남은 기간 동안, 또한 공의회 기간 동안, 교회 전체가 기도해줄 것을 간절하게 요청한다."

# 2016년 크레타
# 정교회 성 대 공의회 회칙

**성부와 성자와 성령의 이름으로**

"여러분은 우리를 그리스도의 일꾼으로 여기며 하느님의 심오한 진리를 맡은 관리인으로 생각해야 합니다"(1 고린토 4:1)라고 사도 바울로와 함께 고백하면서, 우리 모두는 이 성령강림 대축일 기간 동안, 이방인의 사도 바울로와 '신앙 안에서 참된 아들'(디도 1:4)인 그의 제자 디도에 의해 성화된 크레타 섬에 우리를 모이게 해주시고, 또한 하느님의 이름을 영광스럽게 하고 세상 만백성을 축복하기 위해, 지극히 거룩한 독립 정교회 수장들의 공동 의사에 따라 세계총대주교에 의해 소집된 정교회 성 대 공의회 활동을, 성령의 감동으로 인도 받으며 완수할 수 있게 해주신 성 삼위 하느님께 감사의 찬양을 드린다.

하나이고 거룩하고 보편되며 사도적인 교회의 성 대 공의회는, 육화와 지상 사역과 십자가 희생과 그 부활을 통해 무한한 사랑이신 성 삼위 하느님을 계시하신, 신이자 인간이시고 독생 성자이시며 하느님의 말씀이신 그리스도에 대한 참된 신앙의 올곧은 증언이다. 그러므로 우리는 한 목소리와 한 마음으로, "희망이 우리 안에 있다"(1 베드로 3:15)는 메시지를, 거룩한 우리 교회의 자녀들 뿐 아니라 "멀리 떨어져 있거나 가까이 있는"(에페소 2:17) 모든 이들에게 반포한다. "우리의 희망"(1 디모테오 1:1 참조)이신 구세주께서는 "우리와 함께 계시는 하느님"으로, 또한 "모든 사람이 다 구원을 받게 되고 진리를 알게 되길 바라시는"(1 디모테오 2:4) "우리 모든 사람을 위하시는"(로마 8:32) 하느님으로 계시되었다. 하느님의 자비와 그분의 위대한 강복을 숨김없이 선포하고, "하늘과 땅은 사라져도 내 말은 사라지지 않는다"(마태오 24:35)는 주님의 말씀을 기억하며, "충만한 기쁨으로"(1 요한 1:4), "해가 지지도 않고, 다음 날도 없으며 끝이 없는 그 날"(성 대 바실리오스, 『여섯 날에 대하여』 II, PG 29.54)을 고대하면서, 우리는 믿음과 희망과 사랑이라는 복음을 선포한다. "우리가 하늘의 시민"(필립비 3:20)이라는 사실은 세상 안에서의 우리의 증언을 조금도 약화시키지 않고 도리어 우리의 증언에 힘을 실어준다.

여기서 우리는 사도들과 교부들의 전통을 따르니, 그들은 그리스도를, 또한 교회의 신앙 안에서 경험한 구원을 선포했다. 그들은 "그리스도께서 우리를 해방시켜주셨다"(갈라디아 5:1)는 자유의 복음을 전하기 위해, "그물을 던지는 어부들의 방식으로" 곧 사도적인 방식으로, 모든 시대의 백성들에게 하느님을 선포했다. 교회는 자신을 위해 살아가지 않는다. 교회는 온 인류를 위해, 세상을 "새 하늘 새 땅"(묵시록 21:1)으로 들어 올리고 새롭게 하기 위해 자신을 내어준다. 그러므로 교회는 복음을 증언하고, 하느님께서 인류에게 주신 선물들, 그분의 사랑, 평화, 정의, 화해, 부활의 능력, 영원한 생명에 대한 희망을 나눈다.

## Ⅰ. 교회 : 그리스도의 몸, 성 삼위 하느님의 형상

1. 하나이고 거룩하고 보편되며 사도적인 교회는, 성 삼위 하느님의 형상이고, 그래서 신-인적 친교이다. 그것은 신성한 감사의 성찬예배 안에서 종말을 미리 맛보고 경험하는 것이며, 다가올 영광에 대한 계시이다. 또한 영속적인 성령강림인 교회는 세상 안에서 결코 침묵하지 않는 예언자적 음성이다. 교회는 또한 "권능을 떨치며"(마르코 9:1) 다가올 하느님 나라의 현존이며 증언이다. 그리스도의 몸으로서 교회는 세상을 그리스도께로 "불러 모으고"(마태오 23:37), 세상을 변모시키며, "샘물처럼 솟아올라 영원히 살게 하는"(요한 4:14) 물을 세상에 대준다.

2. 사도들과 교부들의 전통은, 제자들과 함께 최후의 만찬을 행하실 때, 성찬예배의 성사를 제정하시면서 명하신 교회의 창립자 주님의 말씀에 순종하여, "그리스도의 몸"으로서의 교회의 속성에 주목했다(마태오 25:26, 마르코 14:22, 루가 22:19, 1 고린토 10:16-17, 11:23-29). 그리고 이것을, 하느님의 말씀이신 성자께서 성모 마리아와 성령을 통해 육화하신 신비와 연결시켰다. 이 정신에 따라, 그리스도 안에서 성취된 하느님 경륜의 신비 전체

와 교회의 신비 사이의, 또한 이 교회의 신비와, 성령의 활동을 통하여 교회의 성사적 삶 안에서 끊임없이 보장되는 신성한 감사의 성찬 신비 사이의 결코 분리할 수 없는 관계가 항상 강조되었다.

일치된 사도적 전통과 성사적 경험을 충실하게 이어가는 정교회는 신앙의 신조와 교회 교부들의 가르침에서 고백되는 바, 하나이고 거룩하고 보편되며 사도적인 교회의 참된 연속이다. 그러므로 정교회는 이 경험에 대한 참된 표현을 교회의 몸 안에 보장하고, 또한 온 인류에게 믿을만한 증언을 제시해야할 보다 큰 책임을 인식한다.

3. 교회의 일치와 보편성에 있어서, 정교회는 예루살렘 사도회의(사도행전 15:5-29)로부터 현재에 이르는 공의회들의 교회다. "성령과 우리의 결정입니다"(사도 15:28)라고 했던 사도들의 말처럼, 교회는 그 자체로 그리스도께서 세우시고 성령께서 인도하시는 공의회이다. 세계공의회와 지역공의회를 통해, 교회는 하느님 말씀이신 성자의 육화 안에 계시된 성 삼위 하느님의 신비를 선포해왔고 또 계속해서 선포한다. 이후 역사 속에서도, 공의회의 일은, 세계적 권위를 가진 여러 차례의 공의회들, 예를 들자면, 콘스탄티노플 총대주교 성 대 포티오스 시대에 소집된 대 공의회(879-880)와, 특별히 성 그레고리오스 팔라마스 시대에 성령의 발출과 관련된 교리와 창조되지 않은 신적 에너지들에의 인간의 참여 교리 등을 통해 동일한 신앙의 진리를 선언한 대 공의회들(1341, 1351, 1368), 그리고 그 후 콘스탄티노플에서 소집된 여러 성 대 공의회들, 곧 피렌체 일치 공의회(1438-1439)를 거부한 1484년 공의회, 개신교 신앙을 거부한 1648년과

1672년과 1691년 공의회들, 민족이기주의(ethno-phyletism)를 교회론적 이단으로 단죄한 1872년 공의회 등을 통해서, 단절되지 않고 계속되어 왔다.

4. 인간의 거룩함은 "그리스도의 몸인 교회"(에페소 1:23)와 떨어져 생각될 수 없다. 거룩함은 홀로 거룩하신 한 분 하느님으로부터 나온다. 신성한 감사의 성찬예배에서 사제가 "거룩한 몸과 피는 거룩한 이들에게 합당하나이다."라고 선언하고, 신자들이 "거룩한 분은 주님 한 분, 주 예수 그리스도는 하느님 아버지를 영광스럽게 하는 도다"라고 응답하듯이, 인간에게 거룩성이란 인간이 하느님의 거룩성과 성인들의 친교에 참여하는 것이다. 이 정신에 입각하여, 알렉산드리아의 성 키릴로스는 강조하길, 그리스도께서는 "하느님으로서는 본성 그 자체로 거룩한 분이시지만, … 우리를 위해 성령 안에서 거룩해지시고… 또 그 자신을 위해서가 아니라 우리를 위해서 이를 성취하셨으니, 이는 첫 번째로 이 성화를 얻은 그분으로부터 그리고 그분 안에서, 거룩하게 하는 은총이 온 인류에게로 전해지게 하기 위함이다"라 했다.(『요한복음 주석』 11, PG 74, 548)

그러므로 성 키릴로스에 따르면, 그리스도께서는 그 자신의 인간성 안에 인류 전체를 총괄하심으로써 우리의 "공통된 인격"이 되신다. "우리 모두가 그리스도 안에 있었고, 인류의 공통된 인격이 그분 안에서 다시 생명을 얻기에"(『요한복음 주석』 11, PG 73, 157-161) 그리스도께서는 성령 안에서 이뤄지는 인간 성화의 유일한 원천이시다. 이러한 정신 안에서, 거룩함은 인간이 교회의 신비와 교회의 거룩한 성사들에 참여하는 것이고, 그

중심에는 "하느님께서 기쁘게 받아주실 거룩한 산 제물"(로마 12:1 참조)인 신성한 감사의 성찬 예배가 있다. 그러니 "누가 감히 우리를 그리스도의 사랑에서 떼어놓을 수 있겠는가? 환난일까? 역경일까? 박해일까? 굶주림일까? 헐벗음일까? 혹 위험이나 칼일까? 우리의 처지는, '우리는 종일토록 당신을 위하여 죽어갑니다. 도살당할 양처럼 천대받습니다.'라는 성서의 말씀대로다. 그러나 우리는 우리를 사랑하시는 그분의 도움으로 이 모든 시련을 이겨내고도 남는다"(로마 8:35-37). 성인들은 교회의 종말론적 정체성을 구현하니, 하느님 나라의 형상인 교회는 본디 영광의 임금께서 좌정해 계시는 지상과 천상의 보좌 앞에서(시편 23:7) 부르는 영원한 영광송이다.

5. 보편 정교회는 범 정교회 차원에서 인정받는 14개의 지역 독립교회들로 구성된다. 독립교회의 원리는 교회의 보편성과 일치의 원리를 희생시켜가며 작동되어서는 안 된다. 그러므로 우리는, 각 지역에서 각각의 공동체를 위임받고 있고 또 각각 적법한 관할권 아래 머물러 있는 교회법상 합당한 주교들로 구성된 '정교회 디아스포라 주교 회합(Episcopal Assemblies)'의 형성은 교회법적 조직으로 발전해가는 긍정적인 한 단계를 보여주는 것이며, 또한 이 주교회합의 원활한 작동은 공의회성이라는 교회론적 원리에 대한 존중을 보증해 줄 것이라 여긴다.

## II. 세상에서의 교회의 선교

6. '선교'로도 알려진 사도적 활동과 복음 선포는 교회의 정체성 중에서 핵심에 속한다. 그것은 "가서 이 세상 모든 사람들을 내 제자로 삼으라"(마태오 28:19)하신 그리스도의 계명을 지키고 그에 부응하는 것이다. 그것은 "생명의 숨결"이니, 교회는 이 숨결을 인간 사회에 불어넣고, 이 숨결은 어디서든 새로 세워진 지역교회들을 통해 세상을 교회로 만든다. 이러한 정신에 입각해, 정교회 신자들은 세상 속에서 그리스도의 사도이고 또 그렇게 되어야 한다. 이 선교는 공격적인 방식이 아니라, 자유로운 가운데, 사랑으로, 또 개인과 민족의 문화적 정체성을 존중하는 가운데 수행되어야 한다. 모든 정교회는 교회법적 질서에 대한 마땅한 존중과 함께 이러한 노력에 참여해야 한다.

신성한 감사의 성찬에 참여함은 세상을 복음화하려는 선교적 열정의 원천이다. 우리는 신성한 감사의 성찬에 참여함을 통해서 그리고 이 거룩한 모임에서 온 세상(oikoumene)을 위해 기도함으로써, '전례 이후의 전례'를 지속해 나가고 하느님의 선물을 모든 인류와 나누는 가운데, 승천하시기 전 우리 주님이 명하신 바, "너희는 예루살렘과 온 유다와 사마리아뿐만 아니라 땅 끝에 이르기까지 어디에서나 나의 증인이 되라"(사도행전 1:8)는 분명한 명령에 순종하여 하느님과 인류 앞에서 신앙의 진리를 증언하도록 부름 받는다. "하느님의 어린양이 쪼개어지고 나누어지니, 이는 쪼개어지되 나뉘지 않으며, 먹어지되 사라지지 않는다"는 성찬예배의 영성체 전(前) 경문은, "하느님의 어린양"(요한 1:29)이요 "생명의 빵"(요한

6:48)이신 그리스도께서는 영원한 사랑으로 우리에게 제공되시어, 우리를 하느님과, 또한 우리를 다른 이들과 연합시켜 주심을 보여준다. 이것은 우리에게, 하느님의 선물을 나눠주고, 또 그리스도가 그리 하셨듯이, 우리 자신을 모두에게 내어주라고 가르쳐 준다.

"누구든지 그리스도를 믿으면 새 사람이 된다. 낡은 것은 사라지고 새것이 나타났다"(2 고린토 5:17)는 말씀처럼, 그리스도인의 삶은 그리스도 안에서 만물이 회복됨에 대한 참된 증언이다. 그것은 또한 영원한 생명과 우리 주 예수 그리스도의 은총과 하느님 아버지의 사랑에 인격적이고 자유로운 방식으로 참여하여 교회 안에서 성령의 친교를 경험하라고 모든 사람에게 호소하는 하나의 초대장이다. "구원의 신비는 그것을 열망하는 이들의 것이지, 강요받은 이들의 것이 아니기 때문이다"(고백자 막시모스, PG 90, 880). 세속화된 현대 사회에서 하느님 백성을 다시 복음화하는 것은 그리스도를 모르는 이들을 복음화하는 것만큼이나 멈춰선 안 될 교회의 의무이다.

### III. 가정 : 교회를 향한 그리스도의 사랑의 형상

7. 정교회는 남성과 여성 간에 사랑으로 맺어지는 나눌 수 없는 결합을 "그리스도와 교회의 관계를 말해주는 ... 큰 신비"(에페소 5:32)로 여긴다. 그리고 이로부터 도출되고, 하느님 경륜의 계획에 따라 자녀의 출생과 양육을 유일하게 보증해주는 가정을 하나의 "작은 교회"로 여기고(요한 크리소스토모스, 『에페소인들에게 보낸 편지에 관한 주석』 20, PG 62.143), 적절한 사목적 지

원을 제공한다.

우리 시대에 만연한 결혼과 가정의 위기는, 책임으로서의 자유가 위기에 처하여, 자기중심적 자아실현으로 기울고, 개인적 도피와 자기만족과 자립으로 축소되었을 뿐만 아니라, 또한 남자와 여자 사이의 결합이 그 희생적 사랑의 기풍을 잊어버려 그 성사적 특징을 상실함으로써 야기된 결과다. 현대 사회는 결혼을 단지 동등한 제도적 타당성을 부여받은 많은 형태의 관계 중 하나에 불과한 것으로 여김으로써, 순전히 사회학적이고 현실적인 기준들에 입각한 지극히 세속적인 방식으로 그것에 접근한다.

결혼은, 교회에 의해 양육되는 사랑과 생명의 산실이며, 하느님 은총의 탁월한 선물이다. "연합시키시는" 하느님의 "강한 손"은 "보이지 않게 현존하면서, 함께 결합된 사람들을" 그리스도와 그리고 또 서로 간에 "조화롭게 한다." 결혼성사에서 신랑과 신부의 머리 위에 놓이는 화관은, 하느님을 향한 그리고 서로를 향한 희생과 완전한 헌신의 차원을 가리킨다. 화관은 또한 하느님 나라의 생명을 가리키며 사랑의 신비 안에 내재된 종말론적 의미를 드러낸다.

8. 특별한 사랑과 관심으로, 성 대 공의회는 모든 아동과 젊은이에게 말한다. 아동에 대한 상호 모순적인 정의들이 있지만, 우리 거룩한 교회는 주님의 말씀을 제시한다. 우리 구세주께서는 "아이들을 막는 사람들"(루가 18:16)과 "그들을 구설수에 오르게 한 이들"(마태오 18:6)에 대해서 말씀하셨을 뿐만 아니라 "어린 아이 같지 않으면, 너희는 하느님 나라에 들어가지 못한다"(마태오 18:3)고 하셨고, "어린 아이와 같이 하느님의 나라를 받

아들이지 않으면 그곳에 들어가지 못한다"(루가 18:17)고도 말씀하셨다.

교회는 젊은이들에게 단순한 '도움'이 아니라 '진리'를, 곧 그리스도 안에서의 새로운 신-인적 삶의 진리를 제공한다. 정교회의 젊은이들은, 그들이야말로 수세기에 걸쳐 내려오는 복된 정교회 전통의 담지자이며, 또한 생명을 주는 그리스도교적 증언을 제공하기 위해, 정교의 영원한 가치들을 용기 있게 보존하고 역동적인 방법으로 일구어나가야 할 이 전통의 계승자임을 분명하게 인식해야 한다. 그들 중에서 그리스도의 교회의 미래 사역자들이 나올 것이다. 그러므로 젊은이들은 단지 교회의 "미래"일 뿐만 아니라, 또한 현재 안에서 하느님과 인간을 섬기고자 하는 교회의 삶에 대한 적극적 표현이다.

## IV. 그리스도 안의 교육

9. 우리 시대에는, 양육과 교육 영역에서 새로운 경향들이 관찰된다. 그것은 비단 교육의 내용과 목적뿐만 아니라, 아동에 대한, 교사와 학생의 역할에 대한, 현대적 학교에 대한 새로운 인식들과 관계된다. 교육은 사람이 무엇인가와 연관될 뿐만 아니라 또한 사람은 무엇이 되어야만 하는가 그리고 인간의 책임성의 내용과 연관되어 있기 때문에, 우리가 인간에 대해 그리고 인간의 존재 의미에 대해 가지는 이미지가 또한 인간의 교육에 대한 관점을 결정한다는 것은 자명하다. 그래서 정교회는, 오늘날 젊은이들이 고스란히 그 피해를 겪고 있는 세속화되고 개인주의적인 지배적 교육 시스템에 대해 깊은 우려를 표한다.

교육은 교회의 사목적 관심의 중심에 자리한다. 그것은 단지 지적 양육뿐 아니라, '하느님, 인간 그리고 세상'이라는 세 차원에 걸쳐있는 신체적, 정신적, 영적 총체로서의 전인적 존재의 교화와 개발을 목적으로 삼아야 한다. 교리 교육에서, 정교회는 하느님의 백성에게, 특히 젊은이들에게 각별히 호소하는 바, 그리스도 안에서의 삶을 향한 "완전한 열망"을 키우면서 교회의 삶에 의식적이고 적극적으로 참여하길 당부한다. 이렇게 그리스도인의 충만성은 교회의 신-인적 친교 안에서 실존적 지지를 발견하고, 이 안에서 은총을 통한 신화로서의 부활의 전망을 경험한다.

## V. 현대의 도전에 직면한 교회

10. 오늘날 그리스도의 교회는, 정치적, 사회적, 문화적 발전에 내재된 세속화 이념의 극단적인 심지어는 도발적인 표현에 직면하고 있음을 발견한다. 세속화 이념의 기본 요소는, 임의로 교회를 보수주의라고 낙인찍고 그 역사를 경멸하면서 부당하게 교회를 모든 진보와 발전의 장애물로 여김으로써, 그리스도와 교회의 영적 영향력으로부터 인간을 완전히 자립시키자는 사상이었고, 또 계속해서 그럴 것이다. 현대의 세속화된 사회에서, 하느님과 단절된 인간은, 자신의 자유와 삶의 의미를 절대적 자립과 영원한 운명으로부터의 해방과 동일시한다. 이것은 그리스도교 전통에 대한 일련의 오해와 기만적인 해석들을 낳는다. 이렇게 해서 위로부터 주어지는 그리스도 안에서의 자유와 "그리스도의 완전성에 도달하게 해주는"(에페소 4:13) 진보는 인간 존재의 자력구원을 방해하는 것으로 간주

된다. 그리스도의 희생적 사랑은 개인주의와 양립할 수 없는 것으로 간주되고, 그리스도교 윤리의 금욕적 성격은 개인의 행복에 대한 참을 수 없는 도전으로 치부된다.

교회를 문명의 진보와는 양립할 수 없는 보수주의와 동일시하는 것은 독단적이며 부적절하다. 왜냐하면 그리스도교 민족들의 민족의식은 교회가 그들의 문화적 유산 안에서만 아니라 더욱 일반적으로는 세속 문명의 건강한 발전에 있어서도 많은 기여를 했다는 지울 수 없는 표지들을 담지하고 있기 때문이다. 이는 하느님께서 사람을 하느님의 피조세계의 관리자요, 세상에서 하느님의 사역을 돕는 동역자로 세우신 데 기인한다. 정교회는 현대 세계의 "사람-신"(신이 된 사람)에 반하여 "하느님-인간"(인간이 되신 하느님)을 모든 것의 궁극적 척도로 삼는다. "우리는 신화된 사람에 대해 말하는 것이 아니라, 사람이 되신 하느님에 대해 이야기 한다."(다마스쿠스의 요한, 『정통 신앙에 대하여』 3, 2 PG 94. 988). 정교회는 '하느님-인간'(인간의 되신 하느님)이신 그리스도와 그의 몸인 교회의 구원의 진리를 드러내니, 그것은 참으로 자유로운 삶의 장이요 방식이다. 교회는 "사랑 안에서 진리를 고백하게"(에페소 4:15) 하고, 지금 이 땅에서부터 부활하신 그리스도의 생명에 참여케 해준다. "세상에 속하지 않지만"(요한 18:36) 또한 "세상 속에서" 현존하며 증언하는 교회는, 그 '신-인적'(divine-human) 특성으로 인해 세상과 결코 타협할 수 없다(로마 12:2 참조).

11. 현대의 과학과 기술의 발전으로 인해, 우리의 삶은 근본적으로 변화하고 있다. 그런데 그것이 인간의 삶에 가져오는 변화는 인간에게 식별을 요청

한다. 왜냐하면 일상생활의 편리성, 심각한 질병들의 성공적 치료, 우주 탐험과 같은 중대한 유익과는 별도로, 우리는 또한 과학적 진보의 부정적인 결과에 직면하고 있기 때문이다. 이런 위험들에는 인간 자유의 통제, 인간의 수단화, 소중한 전통의 점진적 상실, 자연 환경에 대한 위협과 파괴 등이 있다.

불행하게도, 과학은 그 본성상, 그것이 직간접적으로 야기하는 여러 문제들을 방지하거나 해결할 적절한 수단을 가지고 있지 않다. 과학적 지식은 인간의 도덕적 의지를 자극하지 않고, 그래서 인간은 위험을 알고 있어도, 계속해서 마치 그것을 모르고 있는 것처럼 행동한다. 인간의 존재론적 도덕적 문제, 인간의 삶의 의미와 세상의 영원한 의미에 대한 대답은 영적인 접근 없이는 주어질 수 없다.

12. 우리 시대에는, 생물학, 유전학 그리고 신경과학의 괄목할만한 성장에 대한 열광이 만연해 있다. 이는 과학적 성과이지만, 또한 그것이 어떻게 적용되느냐에 따라 심각한 인류학적 도덕적 딜레마를 초래할 수도 있다. 생명의 시작과 과정과 마지막에 두루 개입하는 생명공학의 남용은 생명의 참된 충만을 위험에 빠뜨린다. 역사상 처음으로 인간은 자기 자신의 본성에 대한 극단적이고 위험천만한 실험들에 몰두하고 있다. 인간은 생물학적 기계, 비인격적 사회 단위 혹은 통제된 사상의 도구로 전락할 위험이 있다.

이렇게 중요한 인간학적이고 윤리학적이며 존재론적인 사안에 대한 논의에서, 정교회는 주변부에 머물러 있을 수 없다. 교회는 신적 가르침의 기준 위에 굳게 서서, 현대의 가치 전도에 맞서 정교 인간학의 타당성을 드러낸다. 육화를 통해 인간 전체를 수용하신 그리스도, 인류의 갱신의 궁극적 원형이신 예수 그리스도 안에서, 우리 교회는 예언자적 양심을 세상에 드러낼 수 있고 또 드러내야 한다. 교회는 생명의 신성함을 주장할 뿐만 아니라 인간은 수태의 순간부터 한 인격으로 존재한다는 것을 확인한다. 태어날 권리는 인권 중에서도 첫째가는 것이다. 그 안에서 각 인간이 하느님과의 인격적 친교로 정향된 고유한 존재를 구성하는 바의 교회는, 인간 존재를 대상화하고 측량 가능한 양적 존재로 만들려는 모든 시도에 저항한다. 그 어떤 과학적 업적도 인간 존엄성과 인간의 신성한 목적을 훼손해서는 안 된다. 인간은 단지 그 유전자로 정의되는 존재일 수 없다.

정교회의 생명윤리는 바로 이러한 기초에 근거한다. 인간에 대한 모순적 이미지들이 넘쳐나는 시대에, 정교회 생명윤리는, 세속적이고 자립적이며 환원주의적인 관념들에 맞서서, 인간 존재가 "하느님의 형상을 따라 닮아가도록" 창조되었다는 것과 인간존재에겐 영원한 운명이 있음을 주장한다. 그러므로 정교회는, 정교 신앙의 성경적 인간학과 영적 경험을 통하여, 생명윤리에 관한 철학적이며 과학적인 논의들을 풍성하게 하는 데 기여한다.

13. '소유'와 개인주의로 치닫는 세계에서, 보편 정교회는 "저물도록 수고하여"(시편 104:23) 일하는 인간 존재의 일상적인 삶 속에 자유롭게 육화된 삶의 진리, 곧 그리스도 안에서 그리스도를 따라 살아가는 삶의 진리를

제시한다. 이를 통해 인간은 "우리는 하느님을 위해서 함께 일하는 일꾼들이다"(1 고린토 3:9)라는 말씀처럼 영원하신 아버지의 동역자가 되고, 또한 "나의 아버지께서 일하시니, 나도 일한다"(요한 5:17)고 하신 것처럼 그 아들이신 그리스도의 동역자가 된다. 하느님의 은총은 하느님과 함께 일하는 사람들의 사역을 성령 안에서 거룩하게 하고, 그 사역을 통해 생명과 인간적 친교의 긍정성을 드러낸다. 그리스도교 금욕주의는 이런 틀 안에 자리매김 되어야 한다. 그리스도교 금욕주의는, 인간을 삶과 동료 인간들로부터 떼어놓는 모든 이원론적 금욕주의와 구별된다. 인간을 교회의 성사적 삶과 연결시켜주는 그리스도교 금욕주의와 자기 절제의 훈련은, 단지 수도자에게만 해당되는 것이 아니라, 교회의 삶의 모든 측면에서 드러나는 특징이고, 정교 신자들의 복된 실존 안에 현존하는 종말론적 정신에 대한 가시적 증언이기도 하다.

14. 환경 위기의 뿌리는 영적이며 윤리적이다. 그것은 각 사람의 마음 안에 자리한다. 최근세기 동안 이 위기는, 탐욕, 인색함, 이기심, 더 많은 것을 향한 욕구 등과 같은 인간의 욕망으로 인해, 그리고 그런 욕망이 지구에 미친 결과들, 예컨대 지금 우리의 "집"인 자연 환경을 광범위하게 위협하는 기후 변화와 같은 결과로 인해 더욱 악화되고 있다. 인간과 피조세계의 관계 안에 일어난 파열은, 하느님의 피조세계를 올바르게 사용하지 못하고 오용한 결과다. 그리스도교 전통의 원리들에 기초하여 환경문제를 해결하기 위해서는, 지구의 자연자원을 지나치게 착취한 죄를 회개하는 것, 다시 말해 정신과 행동을 근본적으로 바꾸는 것뿐만 아니라, 소비주의, 욕구들의 신성화, 소유욕 등을 해독하는 금욕을 실천하는 것이 필요

하다. 이것은 또한, 살아갈 수 있는 자연 환경을 미래 세대에 물려줄 막중한 책임감과 하느님의 뜻과 강복에 합당하게 자연 환경을 사용하는 것을 전제한다. 교회의 성사들 안에서, 피조세계는 긍정된다. 또 인간은 "당신의 것인 이 세상의 모든 것 중에서 특히 이 예물을 저희에게 베푸신 모든 은혜에 대한 감사로서 모든 곳에서 당신께 바치나이다"라고 영광 돌리며 창조주께 피조세계를 봉헌하고, 이렇게 피조세계와 성만찬적인 관계를 일구어나감으로써, 피조세계의 관리자, 보호자 사제로 행동하도록 고무된다. 정통 신앙과 복음과 교부들의 정신을 따르는 이런 관점은, 또한 자연 환경 파괴의 사회적 차원과 비극적인 결과들로 우리의 관심을 이끈다.

## VI. 세계화, 극단적 폭력과 이민의 현상에 직면한 교회

15. 보이지 않게 급격히 확산되고 있는 현대의 세계화 이념은, 이미 세계적인 차원에서 경제와 사회에 강력한 충격을 가하고 있다. 강요된 세계화는 새로운 형태의 체계적인 착취와 사회적 불의를 양산해 왔다. 세계화는 민족적, 종교적, 이념적 전통들 혹은 세계화에 반대하는 여타의 전통과 같은 장애물을 점차적으로 제거하려 해왔다. 세계화는, 부자와 빈자 사이의 간극을 더욱 깊게 만들고 민중의 사회적 결합을 약화시키며 국제적 긴장의 새로운 불씨들을 지핌으로써, 이미 이룩한 사회적 성취들을 세계 경제의 이름으로 약화시키거나 전복시키고 있다.

세계화에 의해 촉진된 획일적이고 비인격적인 표준화와 극단적인 민족주의에 맞서서, 정교회는 민족들의 정체성을 보호하고 지역적 정체성을 강화할 것을 제안한다. 정교회는 지역 교회들의 동등성에 바탕을 둔 교회 조직을 인류 화합의 대안으로 제안한다. 교회는, 세계화가 내포하고 있는, 민족 문화 전통들과 현대인에 대한 도발적 위협에 저항하고, 또한 "경제의 자율"을 내세우는 "경제주의"의 원리, 다시 말해 경제는 인간의 본질적 필요와는 무관한 자율성에 따라야 하고 그 자체로 목적이 되어야 한다는 원리에 반대한다. 그러므로 교회는 복음의 원리에 기반을 둔 지속가능한 경제를 제안한다. "사람은 빵만으로 사는 것이 아니다"(루가 4:4)라는 주님의 말씀에 입각하여, 교회는 인류의 진보를, 영적 가치들을 도외시한 생활수준의 향상이나 경제 발전과 연결시키지는 않는다.

16. 교회는 엄밀한 의미에서의 정치에는 개입하지 않는다. 그럼에도 교회의 증언은 인간과 인간의 영적 자유에 관심을 둔다는 점에서 본질적으로 정치적이다. 교회의 발언은 분명 다르고, 앞으로도 인간을 위한 유익한 개입을 위해서는 하나의 의무로 남게 될 것이다. "카이사르의 것은 카이사르에게, 하느님의 것은 하느님께"(마태오 22:21)라는 성경 말씀을 따라서, 오늘날 지역 정교회들은, 국제 관계의 새로운 맥락 안에서, 세속 국가와 법질서와의 새롭고도 건설적인 협력을 증진시켜 나가도록 부름 받고 있다. 그러나 이 협력은 반드시 교회와 국가 각각의 고유한 정체성을 보존해야 하고, 또한 인간만의 특별한 존엄성과 이로부터 흘러나오는 인권을 지키고 사회적 정의를 보장하기 위한 진실한 협력을 보증해야한다.

오늘날 인권은, 현재의 사회 정치적 위기와 동요에 응답하고자 하는 정치에서 주된 관심사가 되고 있으며, 개인의 자유를 보호하는 것은 그것의 최우선적인 목적이다. 정교회는 개인의 권리가 개인주의와 '권리'의 문화로 경도되는 것의 위험성을 주목한다. 이러한 종류의 권리 남용은 자유의 공동체적 내용을 희생시키며 작동한다. 또한 그것은 권리들을 개인적인 행복추구의 요구들로 바꿔버리고, 자유를 개인의 방종과 혼동하며, 이런 방종을 "보편적 가치"로 치켜세운다. 하지만 그것은 결국 사회적 가치들과, 가족, 종교, 국가의 토대들을 침식하고, 근본적인 도덕적 가치들을 위협한다.

따라서 정교회의 인간 이해는, 개인과 개인의 권리에 대한 교만한 신격화뿐만 아니라, 현재의 거대한 경제, 사회, 정치, 통신 체계 아래 짓눌려 버린 인간의 굴종에도 반대한다. 인류에게 정교 전통은, 생동하는 진리의 고갈되지 않는 원천이다. 누구도 '하느님-인간'이신 그리스도와 그 분의 교회만큼 인간을 존중하고 보살필 수 없다. 인권에 있어서 가장 기본이 되는 것은 모든 측면에서 종교적 자유의 원리를 보호하는 것이다. 이것은 이른바 양심과 신념과 종교의 자유를 말하는 것으로, 개인이든 공동체든, 사적이든 공적이든, 자유로운 예배와 종교 관습을 누릴 권리, 한 개인이 자유롭게 자신의 종교를 표명할 권리, 국가에 의한 어떤 형태의 직·간접적인 간섭 없이 종교 공동체가 종교 교육을 행하고 온전하게 종교적 의무를 실천할 권리를 포함한다.

17. 오늘날 우리는, 신의 이름으로 자행되는 폭력이 날로 늘어나고 있음을 경험하고 있다. 종교 공동체들 안에서 근본주의가 폭발적으로 확장되고 있는 현실은, 근본주의야말로 종교 현상의 본질이라고 여기는 왜곡된 견해를 만들어낼 위험이 있다. 그러나 진실은, "지식에 바탕을 두지 않은 열정"(로마 10:2)에 근거한 근본주의는 병적인 종교성의 표현일 뿐이라는 것

이다. 참된 그리스도인은, 십자가에 달리신 주님의 모범을 따라, 자신을 희생할지언정, 타인을 희생시키지는 않는다. 그리고 이런 까닭에 참된 그리스도인은 그 자체로, 그 기원이 무엇이든 모든 근본주의에 대한 가장 강력한 비판이다. 종교 간의 정직한 대화는 상호 신뢰의 발전, 평화와 화해의 증진에 기여한다. 교회는 "위로부터 오는 평화"가 지상에서도 더욱 분명하게 느껴질 수 있게 하려고 분투한다. 진정한 평화는 무력이 아니라 오직 "자기 이익을 추구하지 않는"(1 고린토 13:5) 사랑으로만 이룩될 수 있다. 신앙이라는 기름은, 다른 이들의 상처를 어루만지고 치유하는데 사용돼야 하지, 증오의 새로운 불길을 태우는데 쓰여서는 안 된다.

18. 정교회는, 아픔을 가지고 기도하면서, 현대의 막대한 인도주의적 위기에 주목한다. 이러한 위기에는 폭력과 군사적 충돌의 확산, 종교적 소수자에 대한 박해와 유배와 살육, 수많은 가족들의 고향으로부터의 폭력적인 이주, 인신매매의 비극, 개인과 민족의 존엄과 기본권의 침해, 강제 개종 등이 있다. 교회는 납치, 고문, 혐오스러운 박해를 무조건 단죄한다. 교회는 예배 장소, 종교적 상징물, 문화적 유산의 파괴를 강력히 성토한다.

정교회는 특별히 중동 지역의 그리스도인들, 여타의 박해받는 소수 민족과 종교적 소수자들이 직면한 상황에 관심을 가진다. 구체적으로, 정교회는, 이 그리스도교의 요람에서 생존해 온 그리스도인들, 곧 정교회, 고대 동방교회 그리고 다른 교파의 그리스도인들을 보호해주길 해당 지역의 각국 정부에 호소한다. 그리스도인들과 여타 토착 주민들은 동등한 권리를 가진 시민으로서 자신의 나라에서 살아갈 양도할 수 없는 권리를 소유한다.

그러므로 우리는, 종교적 신념에 관계없이 모든 당사자들에게, 화해와 인권 존중을 위해 일하길, 무엇보다 생명이라는 신성한 선물을 보호해주길 요청한다. 평화가 회복되고 추방된 이들이 선조들의 땅으로 되돌아 갈 수 있도록, 전쟁과 유혈사태는 멈추어야 하고, 정의는 승리해야 한다. 우리는 고통 받는 아프리카와 내적 분열을 겪는 우크라이나에 평화와 정의가 실현되길 기도한다. 공의회로 모인 우리는, 시리아에서 납치된 두 주교, '폴 야지지'와 '요한나 이브라힘'을 석방하길, 해당 책임자들에게 다시 한 번 간절히 호소한다. 또한 우리는 인질이나 포로로 잡혀있는 우리 형제자매들의 석방을 위해 기도한다.

19. 경제적, 정치적, 기후적 이유로 인한 피난민들과 이민자들이 겪고 있는 예상치 못한 시대적 위기는, 계속해서 악화되고 있고 세계적 관심 한 가운데 있다. 정교회는 항상, "너희는 내가 굶주렸을 때에 먹을 것을 주었고 목말랐을 때에 마실 것을 주었으며 나그네 되었을 때에 따뜻하게 맞이하였다. 또 헐벗었을 때에 입을 것을 주었으며 병들었을 때에 돌보아 주었고 감옥에 갇혔을 때에 찾아주었다." 또 "똑똑히 들어라. 여기 있는 형제들 중에 가장 보잘것없는 사람 하나에게 해주지 않은 것이 곧 나에게 해주지 않은 것이다"(마태오 25:40)라는 주님의 말씀에 기초하여, 박해와 위험에 노출된 도움이 필요한 이들을 대해왔고 또 계속 그렇게 대할 것이다. 역사적으로 볼 때, 교회는 언제나 "수고하고 무거운 짐을 진 이들"(마태오 11:28 참조)의 편에 서 있었다. 교회의 인도주의적 사역은 단지 결핍과

고통 중에 있는 이들에게 상황에 따라 선행을 베푸는 것으로 제한되지 않았다. 오히려 그것은 사회적 문제들을 발생시키는 원인들을 근절하고자 했다. 그래서 교회의 "봉사"(에페소 4:12)는 모두에게 인정을 받아 왔다.

그러므로 우리는 무엇보다 먼저, 난민 위기의 원인을 제거할 수 있는 이들이 필요하고도 긍정적인 결정을 해주길 호소한다. 우리는 당국자들과 정교회 신자들에게, 그리고 피난민들이 피난처로 찾아들었거나 찾고 있는 나라들의 모든 시민에게 호소하니, 가능한 한 모든 수단을 다하여 난민들에게 도움을 제공해주길 바란다.

### VII. 교회 : 대화 안에서의 증언

20. 교회는, 교회의 친교를 떠난 이들로 인해 고통스러워하면서, 또한 아직까지 교회의 목소리를 이해하려 하지 않는 이들에게도 관심을 둔다. 세상 안에서 그리스도의 살아 있는 현존으로 존재한다는 자기 인식을 가진 교회는, 사도적 신앙의 정확성에 근거하여 신뢰할 만한 방식으로 진리를 증언하기 위해, 교회가 동원할 수 있는 모든 수단을 통해 하느님의 경륜을 구체적인 행위로 전환시킨다. 모든 가능성을 다 활용해 증언해야 할 의무를 잘 이해하고 있기에, 정교회는 언제나 대화에, 특별히 '비(非)정교 그리스도인들'과의 대화에 커다란 중요성을 부여한다. 이 대화를 통해 다른 그리스도교 세계는 정교와 정교 전통의 확실성에 더욱 친숙해졌다. 또한 정교회가 신학적 최소주의를 결코 받아들이지 않으며, 자신의 교리 전

통과 복음적 기풍에 대한 의심을 결코 허용하지 않는다는 것을 알게 되었다. 그리스도인들 사이의 대화는, 교부들의 가르침에 대한 존중을 보여줄 뿐만 아니라 하나이고 거룩하고 보편되며 사도적인 교회의 진정한 전통을 훌륭하게 증언할 기회를 정교회에 제공해주었다. 정교회가 참여하고 있는 그리스도인들 간의 대화는 과거에도 현재에도 미래에도 결코 신앙의 타협을 의미하지 않는다. 이 대화들은 "와서 보라"(요한 1:46)는, 다시 말해 "하느님은 사랑이심"(1 요한 4:8)을 "보라"는 복음의 메시지에 기반을 둔 정교를 증언하기 위한 것이다.

***

온 세상에 널리 퍼진 정교회는, 이와 같은 정신에 입각하여, 그리스도 안에 계시된 하느님 나라로서, 교회의 성사적 삶 안에서 하느님의 경륜의 신비 전체를 살아간다. 그 성사적 삶의 중심에는 신성한 감사의 성찬예배가 있으니, 감사의 성찬 예배는 사멸하고 부패할 양식이 아니라 "불멸의 영약이며, 죽게 하는 것이 아니라 예수 그리스도 안에서 영원토록 살게 하는 해독제이자 악을 쫓아낼 정화제인"(안티오키아의 이그나티오스, 『에페소인들에게 보낸 편지』, 20, PG 5. 756) "하늘에서 내려온 빵"이요 생명의 원천이신 주님 자신의 몸을 우리에게 제공해 준다. 리용의 성 이레네오스가 "우리의 가르침은 성찬례와 상응하며, 성찬례는 우리의 가르침을 확인해준다"(『이단 논박』, 4. 18, PG 7. 1028)고 말한 바와 같이, 신성한 감사의 성찬 예배는 공의회적으로 살아가는 한 몸으로서의 교회의 중핵이요, 교회가 고백하는 신앙의 정통성에 대한 참된 보증이다.

주님의 명령에 따라 온 세상에 복음을 선포하고 "그 분의 이름으로 회개와 죄의 용서를 선포"(루가 22:47)할 때, 우리는 서로를 그리고 우리의 온 생명을 그리스도 우리 하느님께 맡겨야 한다. 또 "성부, 성자, 성령, 일체이시며 나누이지 아니하시는 삼위일체"를 한 마음으로 고백하며 서로를 사랑해야 한다. 공의회로 모인 우리는, 이 모든 것을 우리의 지극히 거룩한 정교회의 모든 신자들과 온 세상에 선포하면서, 그리고 거룩한 교부들의 발자취를 따라 걸어가면서, 또한 전해 받은 사도적 신앙을 수호하고 "공통의 부활"에 대한 희망으로 매일의 삶 안에서 "그리스도에 합당하게

살라"고 명하는 공의회의 결정들에 순종하면서, 성 삼위 하느님께 영광 돌리며 이렇게 찬양 드린다.

"전능하신 아버지와 말씀과 성령, 세 위격 안에 계신 유일한 본질, 최고의 본질이요 최고의 신성이시여, 당신 안에서 우리가 세례 받았나니, 우리는 당신께 세세 대대 찬미드리나이다."(주 예수 그리스도의 부활대축일 카논, 8 오디)

정교 그리스도인들과 선한 의지를 가진 모든 사람에게 보내는
# 정교회 성 대 공의회 메시지

"자비와 모든 위로의" 하느님께 찬양과 영광을 돌리니, 하느님께서는, 성령강림대축일 주간(2016년 6월 18일-26일) 동안, 교회의 최초 시기 사도 바울로와 그의 제자 디도가 복음을 선포했던 크레타로, 우리를 모이게 해주셨기 때문이다. 우리는 또한 성 삼위 하느님께 감사드리니, 하느님께서는 큰 호의로, 지역 독립 정교회들의 수장들의 합의에 따라, 세계총대주교 바르톨로메오스 예하에 의해 소집된 정교회 성 대 공의회의 사역들을, 우리가 하나의 같은 정신으로 완수할 수 있게 발걸음을 인도해주셨기 때문이다.

사도들과 하느님을 품은 교부들의 모범을 충실히 따라, 우리는 다시 한 번 자유의 복음을 탐구하였으니, 이 복음으로 "그리스도는 우리를 해방

시키셨다"(갈라디아 5:1). 우리의 신학적 토론의 기초는 교회가 자신을 위해 살지 않는다는 확신에 있다. 사람이 사는 온 세상에 하느님의 선물들, 즉 사랑, 평화, 정의, 화해, 십자가와 부활의 능력, 영원한 생명에 대한 희망을 제공함으로써, 교회는 사랑과 자유의 복음에 대한 증언을 전해준다.

1. 성 대 공의회의 가장 우선적인 과제는 정교회의 통일성을 선언하는 것이었다. 감사의 성찬 예배와 주교들의 사도적 계승이라는 기초 위에서, 이미 존재하는 통일성은 더욱 강화되고 새로운 열매들을 맺을 필요가 있다. 하나이고 거룩하고 보편되고 사도적인 교회는 하나의 신-인적(divine-human) 친교요, 신성한 성찬 예배 안에서 미리 맛보고 경험하는 '종말'(eschaton)이다. 성경강림으로서의 교회는 침묵할 수 없는 예언자의 음성이며, 사랑이신 하느님의 왕국의 현존이요 증언이다. 일치된 사도적 전통과 성사적 경험을 충실히 이어가는 정교회는, 신앙의 신조에서 고백되고 교회 교부들의 가르침에 의해 확인된 바와 같이, 하나이고 거룩하고 보편되고 사도적인 교회의 참된 연속체다.

교회는 신성한 성찬 예배를 중심으로 한 성사적 삶을 통해 하느님의 경륜의 신비를 우리에게 알려준다. 정교회는 공의회 안에서 자신의 통일성과 보편성을 표현한다. 교회의 공의회성은 교회의 조직을, 그리고 교회가 결정들을 내리고 그 운명을 결정해 나가는 방법을 빚어낸다. 독립 정교회들은 교회들의 어떤 연합체가 아니라 각각이 하나이고 거룩하고 보편되고 사도적인 교회다. 신성한 성찬 예배를 거행하는 각 지역 정교회는 하나이고 거룩하고 보편되고 사도적인 교회의 지역적 현존과 발현이다. 마찬가지로 여러 나라의 정교회 디아스포라 안에 조직된 '주교 회합'(Episcopal Assembly)은 교회법의 정확한 적용이 이뤄질 때까지 그 기능을 지속해야 한다고 결정되었다. 그것은 독립 교회와 관계를 맺고 계속 의존하고 있는 교회법상의 주교들로 구성된다. 이 '주교 회합'의 규칙적인 작동은 공의회성이라는 정교회의 원칙에 대한 존중을 보장한다.

성 대 공의회의 활동 중, 이미 있어 왔던 '정교회 수장들의 회합'(Synaxis of the Primates)의 중요성이 강조되었고, 7년 혹은 10년 주기로 성 대 공의회가 정기적으로 소집되어야 한다는 결정이 이뤄졌다.

2. 신성한 성찬 예배에 참여하여 온 세상을 위해 기도하면서, 우리는 '성찬 예배 이후의 예배'(Liturgy after the Divine Liturgy)를 계속해나가야 하고 가까이 혹은 멀리 있는 모든 이들에게 신앙을 증언해야 한다. 이는 승천하시기 전 주님께서 주신 분명한 계명, "너희는 힘을 받아 예루살렘과 온 유다와 사마리아뿐만 아니라 땅 끝에 이르기까지 어디에서나 나의 증인이 될 것이다"(사도행전 1:8)라는 계명에 전적으로 부합한다. 현대 사회에서 하느님 백성의 재복음화와 아직 그리스도를 알지 못하는 이들의 복음화는 계속해서 교회의 의무여야 한다.

3. 진리와 사도적 신앙을 증언해야 할 필요성에 대해 숙고하는 우리 교회는, 대화에, 특별히 비(非) 정교 그리스도인들과의 대화에 큰 중요성을 부여한다. 이런 방식으로 나머지 그리스도교 세계는 정교 전통의 참됨, 교부들의 가르침의 가치, 전례적인 경험 그리고 정교인들의 신앙을 더욱 정확하게 알아간다. 정교회가 수행하는 대화들은 어떤 경우에도 신앙의 타협을 의미하지 않는다.

**4.** 다양한 종교 전통 안에서 관찰되는 근본주의의 팽창은 병적인 종교성의 표현이다. 종교 간 절제된 대화는 의미 있는 방식으로 상호 신뢰, 평화, 화해를 조성하는데 기여한다. 신앙의 기름은 증오의 불길을 다시 지피는 것이 아니라 타인의 오래된 상처들을 싸매주고 치유하는데 사용되어야 한다. 정교회는 군사적 폭력의 확산, 종교적 소수자들에 대한 박해와 추방과 살해, 강제적 개종, 난민 거래, 납치, 고문, 끔찍한 즉결처형 등을 단호하게 단죄한다. 또한 예배 장소, 종교적 상징물, 문화 유적들에 대한 파괴를 단호히 비판한다. 정교회는, 특별히, 중동 지역과 그 밖의 지역에서 벌어지고 있는 소수자들과 그리스도인들에 대한 박해 상황에 깊은 우려를 표명한다. 정교회는 토착 정교 그리스도인과 여타 그리스도인들, 그리고 지역의 모든 시민들을 보호해주길 해당 지역의 정부들에 간곡히 호소한다. 그들 모두는 동등한 권리를 지닌 시민으로서 그들의 본래 고향 혹은 국가에서 머물 수 있는 침해할 수 없는 권리를 가졌기 때문이다. 우리 공의회는, 중동에서의 모든 군사적 충돌을 지체 없이 해소하기 위해 체계적인 노력들을 기울여 주길, 또한 하루 빨리 그 모든 충돌을 종식시키고 쫓겨난 이들이 다시 고향으로 돌아갈 수 있게 해주길, 모든 당사자들에게 강력하게 권고한다.

우리 공의회는, 피난민들이 발생하는 나라들에서 무엇보다 평화와 정의가 지배할 수 있게 해주길, 특별히 지구상의 모든 권력자들에게 호소한다. 또한 우리는 박해받는 피난민들이 피난처로 찾아드는 나라들의 당국과 시민들 그리고 정교 그리스도인들에게, 한계 안에서 그리고 자신의 능력을 넘게, 계속해서 그들에게 도움을 제공해주길 호소한다.

**5.**

5. 현대의 세속주의는, 그리스도로부터, 그리고 이른바 보수주의로 치부되는 교회의 영적 영향력으로부터 인간의 자립을 추구한다. 하지만 서방 문명은 그리스도교가 시대마다 기여한 공헌의 지울 수 없는 흔적을 지니고 있다. 더 나아가 교회는 '하느님-인간'이신 그리스도가, 그리고 자유로운 삶의 장이요 방식으로서의 그의 몸이 인간 구원에서 중요함을 강조한다.

6. 결혼에 대한 현대의 다양한 접근이 있지만, 정교회는 남자와 여자 사이의 분리할 수 없는 사랑의 결합을, "그리스도와 교회의 관계와 같은 … 위대한 신비"로 여긴다. 또한 결혼으로 인해 비롯되고, 아이들을 양육하는 유일한 보증으로서의 가족을, "작은 교회"라고 부른다.

교회는 절제의 가치를 줄기차게 강조한다. 그리스도교적 금욕은, 인간 인격을 그 이웃으로부터 잘라내고야 말, 순전히 이원론적인 금욕과는 철저하게 다르다. 반대로 그것은 교회의 성사적인 삶과 결합되어야 마땅하다. 절제는 수도 생활과만 결부된 것이 아니다. 금욕적 기풍은 그리스도교적 삶의 모든 측면에서 드러나는 특징이다.

성 대 공의회는 결론이 내려진 주제들 이외에도 다음과 같은 현대의 중요한 문제들을 탐구하였다.

7. 그리스도교 신앙과 과학의 관계 문제에 있어서, 정교회는 과학적 탐구를 교회의 감독 아래 놓는 것을 피하고, 모든 과학적 문제에 대해 입장을 가지려 하지는 않는다. 정교회는, 하느님께서 과학자들에게 하느님의 피조

세계의 비밀들을 탐험하는 은사를 주셨다고 믿고, 하느님께 감사드린다. 과학과 기술의 현대적인 발전은 우리의 삶에 근본적인 변화를 가져온다. 그것은 일상생활의 편리성, 중대 질환의 치료, 더욱 용이해진 통신 수단, 우주 탐사 등과 같은 중대한 유익을 가져다준다. 하지만 자유의 침해, 고귀한 전통의 점진적 상실, 자연 환경의 파괴, 도덕적 가치에 대한 회의 등과 같은 여러 부정적인 결과들도 있다. 과학적 지식은 급속하게 진보하고 있지만, 그것은 인간 인격의 의지를 동원하지 않으며, 주요한 실존적 윤리 문제들, 생명과 세상의 의미에 관한 질문들에 답을 제공하지는 않는다. 이 모든 것은 영적인 접근을 요구하는 바, 정교회는 그리스도교 윤리와 교부들의 가르침에 기초한 생명 윤리의 정립을 통하여 그러한 접근을 고무한다. 이렇게 과학적 탐구의 자유를 존중하는 가운데, 정교회는 몇몇 과학적 진보로부터 드러나고 있는 위험들을 경고하면서 인간의 존엄과 그 신적 운명에 강조점을 둔다.

8. 현재의 생태 위기는 분명 영적이고 윤리적인 원인들에 기인한다. 그 뿌리는 탐욕, 인색, 이기주의와 결부되어 있고, 이로부터 자연자원에 대한 무분별한 이용, 해로운 오염물질을 통한 대기 오염, 지구 온난화가 발생한다. 이 문제들에 대한 그리스도교적 대답은, 인간은 피조세계의 소유자가 아니라 '관리자'임을 더욱 더 자각하는 가운데, 이 모든 남용에 대한 참회, 그리고 과소비에 대한 해독제로서의 금욕적 윤리를 요청한다. 또한 그것은, 창조주께서 신뢰하며 우리에게 맡겨 놓은 이 모든 자연 재화에 대한 권리가, 우리만 아니라 미래 세대에게도 속한 것임을 강조한다. 이런 까닭에 정교회는, 환경을 위한 다양한 국제적 노력에 적극적으로 참여한다. 이런 취지로 정교회는 9월 1일을 '자연 환경 보호를 위한 기도의

날'로 정했다.

9. 다양한 방식으로 촉진되는 비인격적 획일화의 흐름에 맞서, 정교 신앙은 인간 인격과 민족들의 특수성에 대한 존중을 선언한다. 인간 존재의 근본적인 필요에 역행하고, 마치 그 자체로 목적이 되는 '경제'에 반대한다. 인류의 진보는, 영적 가치의 희생 위에 세워지는 생활수준의 향상이나 경제 발전에만 결부되는 것이 결코 아니다.

10. 정교회는 정치에 개입하지 않는다. 정교회의 발언은 신중하고 예언자적인 것으로 머물고, 적절한 개입을 촉진한다. 지금 인권은 정치 사회적 위기에 대해 응답하고자 하는 정치의 중심에 있다. 그것은 국가의 독단에 맞서 시민들을 보호하는데 초점을 둔다. 우리 교회는, 사회의 실질적 개선을 위해서는, 시민들의 의무감과 책임감이 요구되고, 이를 위한 끊임없는 자기 성찰이 필요함을 덧붙인다. 특별히 인간에 대한 정교의 이상은, 이미 확립된 인권의 지평을 넘어서며, "이 모든 것 중에서 가장 위대한 것은 사랑임"을 강조한다. 그것은 그리스도께서 계시해주시고 그를 충실히 따른 모든 이들이 삶으로 살아낸 것이다. 이 모든 관점 안에서도, 종교적 자유의 원칙을 보호하는 것은 특별히 근본적인 권리이다. 다시 말해 양심과 신앙과 예배의 자유, 종교적 자유의 개인적 혹은 집단적 발현, 각 신앙인이 공적 권력에 의해 어떤 형태의 간섭도 받지 않고 자유롭게 종교적 의무들을 실천할 권리, 그리고 공적으로 종교를 가르치는 자유, 종교 공동체들이 기능할 수 있는 조건들을 보장해주는 자유가 보호받아야 한다.

11. 정교회는 자유와 정의와 창조와 사랑 안에서 완전한 삶을 살기를 추구하는 청년들에게 고한다. 교회는, 그들에게 권면하니, 의식적으로 진리와 생명인 교회와 결합하길 바란다. 그들의 생동력, 그들의 근심, 그들의 관심, 그들의 기대를 교회의 몸에 위탁하길 권면한다. 청년들은 교회의 미래일 뿐만 아니라 또한 지역적 세계적 차원에서 창조적인 힘, 창조적 현존이기도 하다.

12. 성 대 공의회는 다양화되고 여러 형태들을 가진 현대 세계를 향해 우리의 지평을 열었다. 시공간 안에서의 우리의 책임성은 언제나 영원의 관점 안에 있음을 공의회는 강조했다. 신비적이고 구원론적인 특징을 흠 없이 보증하는 정교회는, 온 백성의 고통, 불안, 그리고 정의와 평화를 향한 그 외침에 민감하다. 정교회는 선포한다. "우리를 구원하셨다. 그 기쁜 소식 날마다 전하여라. 놀라운 일을 이루시어 이름을 떨치셨으니 뭇 민족, 만백성에게 이를 알려라"(시편 96:2-3).

이렇게 기도하자. "그리스도를 믿는 여러분에게 당신의 영원한 영광을 주시려고 불러주신 하느님 곧 모든 은총의 하느님께서 친히 여러분을 완전하게 하여주시고 든든히 세워주시고 힘을 주시고 흔들리지 않게 하여주실 것입니다. 하느님은 영원토록 권세를 누리실 분이십니다. 아멘"(1 베드로 5:10-11).

# 현대 세계에서 정교회의 사명

**평화, 정의, 자유, 사람들 간의 우애와 사랑, 그리고
인종 차별을 비롯한 모든 차별 철폐의 실현에 대한 정교회의 기여**

"하느님은 이 세상을 극진히 사랑하셔서 외아들을 보내주시어 그를 믿는 사람은 누구든지 멸망하지 않고 영원한 생명을 얻게 하여주셨다"(요한 3:16). 그리스도의 교회는 "세상에서" 살지만 "이 세상에 속해 있지 않다"(요한 17:11, 14-15). 육화하신 하느님 말씀의 몸인 교회(요한 크리소스토모스, 『유배 전 설교 I』, 2, PG 52, 429)는 역사 안에 드러난 성 삼위 하느님 나라의 살아있는 "현존", 징표, 형상이고, "새로운 피조물"(2 고린토 5:17), "정의가 깃든 새 하늘과 새 땅"(2 베드로 3:13)를 예고하는 현존이며, 하느님께서 "그들의 눈에서 모든 눈물을 씻어주셔서, 이제는 죽음이 없고 슬픔도 울부짖음도 고통도 없을"(묵시록 21:4) 세상에 대한 복된 소식이다.

교회가 신성한 성찬 예배를 거행할 때마다, 그리고 하느님의 흩어진 자녀들이 "유대인도 그리스인도, 노예도 자유인도, 남자도 여자도 더 이상 존재하는 않는"(갈라디아 3:28, 골로사이 3:11), 종족, 성, 나이, 사회적 신분 혹은 그 밖의 다른 모든 형태의 구별에 상관없이 하나의 몸 안에 "하나의 회중으로"(I 고린토 11:17) 모일 때마다, 우리는 교회 안에서 이 기다림을 이미 경험하고 미리 맛본다.

교회는 또한, 평화와 정의와 사랑의 세계에 대한 기다림이 하나의 유토피아가 아니라 하느님의 은총과 인간의 영적 투쟁으로 도달 가능한 "우리가 바라는 것들의 확고한 보장"임을 보여주고 확신시켜주면서, 이미 이생에서부터 금욕과 덕을 통해 하느님 나라의 표상이 되었던 교회의 성인들을 통하여, "새로운 피조물", 변화된 세상에 대한 이 미리 맛봄을 누린다.

하느님 나라에 대한 이 기다림과 이 미리 맛봄을 통해 끊임없이 영감을 얻는 교회는, 모든 시대 인간의 문제들에 결코 무관심하게 머물러 있지 않는다. 그와는 정반대로 교회는, 교회의 주님이 그러셨던 것처럼, 세상에 횡행하는 악에서 비롯된 고통과 상처들을 제거함으로써, 인간의 불안과 실존적인 문제들에 참여하고, 선한 사마리아인처럼 "인내와 위로의 말씀을 통하여"(로마 15:4, 히브리 13:22), 또 능동적인 사랑을 통하여, 그 상처에 기름과 포도주를 붓고(루가 10:34) 싸매준다. 교회가 세상을 향해 발언할 때, 그것의 주된 목적은 세상을 고발하고 판단하고 단죄하는 것이 아니라, 하느님 나라의 복음과 희망을 세상에 선포하는 것이고, 또한 어떤 모양이라도 악이 역사의 마지막 말이 아니며 따라서 악의 횡행을 결코 방치해선 안 된다는 확신을 세상에 가져다주는 것이다.

"너희는 가서, 이 세상 모든 사람들을 내 제자로 삼아, 아버지와 아들과 성령의 이름으로 그들에게 세례를 베풀고, 내가 너희에게 명한 모든 것을 지키도록 가르쳐라"(마태오 28:19-20). 그리스도의 이 마지막 명령을 받들어 복음의 메시지를 전파하는 것은 교회의 지속적인 사명이다. 이 사도직은, 공격적인 방식이나 다양한 형태의 개종주의가 아니라, 사랑과 겸손과 각 사람의 정체성과 각 민족의 문화적 특수성에 대한 존중 안에서 수행되어야 한다. 모든 정교회는 이 선교 노력에 기여해야할 의무를 가진다.

이러한 원칙들 안에서, 또한 교부들과 전례와 금욕 전통의 경험과 가르침 안에서 물을 길어, 정교회는 오늘날 세상을 지배하고 있는 근본적인 실존적 문제들에 관한 현대인의 질문과 근심에 참여한다. 이렇게 해서 정교회는, "감히 생각할 수도 없는"(필립비 4:7) 하느님의 평화와 화해와 사랑이 세상을 지배할 수 있도록, 그 모든 문제들의 해결에 기여할 수 있기를 희망한다.

## A. 인간 인격의 가치

1. 인간이 하느님의 형상을 따라 하느님을 닮아가도록 창조되었고 인류와 세상을 향한 하느님의 계획 안에서 특별한 역할을 담당하고 있다는 사실로부터 흘러나오는 인간 인격의 존엄한 가치는, 하느님의 경륜의 신비를 탐구한 교회 교부들에게 영감의 원천이었다. 이런 맥락 안에서, 신학자 성 그레고리오스는 "창조주께서는 사람을, 일종의 제2의 세상으로, 그 연약함 안에서 위대한 자로, 또 하나의 천사로, 그분을 경배하도록 창조된 이중적 존재로, 가시적 피조세계의 감독자로, 지성적인 세계의 입문자로, 땅 위의 모든 존재를 다스리는 존재로, … 이 세상 안에서 살며 또 다른 세상을 열망하는 존재로, 신화를 통해 하느님께 다가가 신비를 완성하는 존재로, 땅 위에 놓으셨다"고 강조한다(신학자 그레고리오스,『강론 45 : 거룩한 파스카에 대하여』, 7, PG 36, 632AB). 하느님 말씀의 육화의 목적은 인간의 신화(神化, deification)다. 그리스도는 자신 안에서 옛 아담을 새롭게 하심으

로써(에페소 2:15) "사람 전체를 신화하셨고, 이는 우리 희망의 성취의 시초가 되었다"(케사리아의 에브세비오스, 『복음에 대한 입증들』, 4, 14, PG 22, 289A). 옛 아담 안에 모든 인류가 이미 포괄되었듯이, 마찬가지로 새 아담 안에 모든 인류가 총괄되기 때문이다. "하느님의 외아들은 사람이 되셨다. … 이는 타락했던 인류를 총괄하여 본래의 상태로 되돌려 놓기 위해서다"(예루살렘의 키릴로스, 『요한복음 강해』 IX, PG 74, 273D-275A). 교회의 이 가르침은, 인간 인격의 존엄한 가치와 경이로움을 지키려는 그리스도인의 모든 노력에 있어서, 마르지 않는 원천이 된다.

2. 이러한 바탕 위에서, 그리스도인들의 평화적인 노력이 더욱 커다란 무게와 힘을 얻게 하려면, 인간의 존엄성과 평화의 선한 가치를 수호하고자 하는 그리스도인들의 협력을 모든 방향에서 발전시키는 것은 필수적이다.

3. 인간의 고유한 가치에 대한 공통된 수용은 이 분야에서의 보다 폭넓은 협력의 전제가 될 수 있다. 지역 정교회들은, 평화적 공존과 백성들의 사회적 결합을 위해, 종교 간의 협력과 협동에 기여하도록 부름 받는다. 하지만 이것은 무엇이든 종교적 혼합주의를 함축하지는 않는다.

4. 우리는 "하느님을 위해 함께 일함으로써"(1 고린토 3:9), 지역적, 국가적, 국제적인 차원의 인간 공동체의 선을 위해, 하느님으로부터 오는 평화를 사랑하는 선한 의지를 가진 모든 사람들과 함께 이 사역 안에서 전진할 수 있음을 확신한다. 이 사역은 하느님의 명령이다(마태오 5:9).

## B. 자유와 책임

1. 자유는 사람에게 주신 가장 큰 선물 중 하나이다. "처음에 하느님은 사람을 자유로운 존재로 창조하셨고, 유일한 제한으로 계명의 법을 주시면서, 그에게 선택의 자유를 주셨다"(신학자 그레고리오스, 『강론 14 : 가난한 자들에 향한 사랑에 대하여』, 25, PG 35, 892A). 자유는 사람으로 하여금 영적 완전을 향해 진보할 수 있게 하면서도, 하느님에 대한 불순종, 하느님으로부터의 독립, 그리고 그 결과로서의 타락의 위험을 함축한다. 그로부터 세상 안에 있는 악의 모든 비극적 결과들이 나온다.

2. 이 악의 결과 중 하나가 바로 불완전성들과 결핍들이고, 실로 이는 우리 시대의 특징이 되어버렸다. 그 특징들은 다음과 같다. 세속화, 폭력, 도덕적 해이. 특별히 현대 청년들 일부 안에 만연한 마약 의존과 여타 중독으로부터 발생하는 불건강한 현상들. 인종주의, 군비증강, 전쟁과 그로부터 연유하는 사회적 악들. 사회 집단이나 종교 공동체들 혹은 민족 전체에 대한 억압. 사회적 불평등과, 양심의 자유, 특별히 종교의 자유를 침해하는 인권의 제한들. 정보조작과 여론조작. 경제적 궁핍, 부의 불의한 분배, 생명에 기초적인 재화의 결핍, 수백만 명의 영양부족과 기아. 폭력적인 강제이주, 인신매매, 엄청난 난민의 발생. 환경 파괴. 인간 생명의 시작부터 유지 기간과 종말에 이르기까지 생명공학과 유전자 생명 의학의 통제 없는 사용. 이 모든 것이 무한한 불안을 빚어내고, 그 안에서 우리 시대의 인류 전체가 몸부림치고 있다.

3. 인간 인격 개념의 추락으로 인도된 이런 상황에 직면하여, 오늘날 정교회에는, 설교와 신학과 예배와 사목활동을 통해 그리스도 안에서의 자유의 진리를 다시

치켜 올려야 할 과제가 부여된다. "무슨 일이든지 할 자유가 있다. 그러나 무슨 일이든지 해서 다 유익한 것은 아니다. 무슨 일이든지 할 자유가 있다. 하지만 모든 것이 다 사람에게 도움이 되는 것은 아니다. 누구든지 자신의 이익을 구하지 말고 남의 이익을 도모해야 한다. ... 여기에서 양심이라고 하는 것은 자기 양심이 아니라 남의 양심을 말하는 것이다. '왜 내 자유가 남의 양심 때문에 제약을 받아야 하느냐?'"(1 고린토 10:23-24, 29) 책임과 사랑이 없는 자유는 결국 자유의 상실에 이른다.

## C. 평화와 정의에 대하여

1. 정교회는 인간의 삶에서 평화와 정의가 차지하는 중심적인 위치를 통시적으로 인정하고 강조한다. 그리스도 안에서의 계시는 "평화의 복음"(에페소 6:15)이라고 규정되었다. 그리스도는 "십자가에서 흘리신 피로써 평화를 이룩하시어"(골로사이 1:20) "멀리 혹은 가까이 있는 모든 이들에게 평화를 선포하셨기"(에페소 2:17) 때문이다. 그분은 "우리의 평화"(에페소 2:14)이시다. "감히 생각할 수도 없는"(필립보 4:7) 이 평화는, 그리스도 자신이 수난 전에 제자들에게 말씀하신 것처럼, 세상이 약속하는 평화보다 더욱 넓고 더욱 본질적이다. "나는 너희에게 평화를 주고 간다. 내 평화를 너희에게 주는 것이다. 내가 주는 평화는 세상이 주는 평화와는 다르다"(요한 14:27). 그리스도의 평화는, 그분 안에 성취된 만물의 총괄로부터, 하느님 형상으로서의 인간의 가치와 위대성으로부터, 그분 안에서 드러나는 인류와 세상의 유기적 통일성으로부터, 평화와 자유와 사회 정의의 원칙들의 보편성으로부터, 그리고 마지막으로 사람들과 민족들 사이의 그리스도교적 사랑의 풍성함으로부터 비롯되는 완숙한 열매이기 때문이다. 참된 평화

는 이 모든 그리스도교적 원칙들이 이 세상에서 거둔 승리의 열매다. 모든 것을 하실 수 있고 믿음으로 그분께 다가오는 이들의 기도를 들어주시는 하느님께 평화를 간구하면서, 정교회가 매일의 기도 안에서 항상 서원하며 호소하는 것은 바로 위로부터 오는 이 평화다.

2. 위의 언급은, 왜 "그리스도의 몸"인 교회가, 알렉산드리아의 클레멘트가 정의(正義)와 동의어라고 말한(『스트로마타(양탄자)』, 4, 25, PG 8, 1369B-1372A) 바, 온 세상의 평화를 위해 매일 기도하는지를 분명하게 보여준다. 대 바실리오스는 이렇게 덧붙인다. "만약 다른 이들을 사랑하고 온 세상과 평화 안에서 살아야 하는 것이 아니라면, 나는 예수 그리스도의 종이라 불릴 자격이 있다고 결코 확신할 수 없다."(『서신들』, 203, 1, PG 32, 737B) 대 바실리오스가 언급한 것처럼, 이것은 그리스도인에게 너무도 자연스러운 것이어서, 사람들은 "평화를 위해 일하는 것만큼 특별히 그리스도교적인 것은 없다"(『서신들』, 114, PG 32, 528B)고 말할 수 있었다. 그리스도의 평화는, 인간과 하늘에 계신 아버지와의 화해로부터 흘러나오는 신비로운 힘으로서, "모든 것 안에서 모든 것을 행하시고, 시간의 시초부터 예정된, 말로 다 할 수 없는 평화를 창조하시며, 우리를 그분 자신과, 그리고 그분을 통하여 아버지와 화해시키시는 예수의 섭리 덕분에"(아레오바고의 디오니시오스, 『신명론』, 11, 5, PG 3, 935AB) 가능해졌다.

3. 동시에 우리는 평화와 정의의 선물들이 또한 인간의 협력에 의존한다는 것을 강조해야 한다. 우리가 참회 안에서 하느님의 평화와 정의를 추구할 때, 성령은 영적인 선물들을 제공하신다. 이 평화와 정의의 선물들은 그리스도인들이 우리 주 예수 그리스도에 대한 믿음과 사랑과 희망을 위해 노력하는 곳에서 드러난다(1 데살로니카 1:3).

4. 죄는 영적인 질병이고, 그 가시적 증상은 동요, 불화, 범죄, 전쟁, 그리고 그것들의 비극적 결과들이다. 교회는 이 질병의 증상들뿐만 아니라 질병 그 자체인 죄를 치유하려 한다.

5. 동시에, 실제적으로 평화에 도움이 되는 모든 것(참고 로마 14:19), 정의, 우애, 참된 자유, 그리고 하늘에 계신 한 분 아버지의 자녀요 한 가족인 모든 민족들 사이의 상호 사랑을 향한 길을 열어주는 모든 것을 격려하는 것이 자신의 의무라고, 정교회는 생각한다. 정교회는 세상 여러 곳에서 평화와 정의의 복을 박탈당한 모든 이들과 연대한다.

### D. 평화와 전쟁의 방지

1. 그리스도의 교회는 일반적으로 전쟁을 단죄한다. 그것이 세상의 악과 죄의 결과라고 여기기 때문이다. "여러분은 무엇 때문에 서로 싸우고 분쟁을 일으킵니까? 여러분의 지체 안에서 갈등을 일으키는 욕정에서 나오는 것이 아닙니까?"(야고보 4:1) 모든 전쟁은 피조세계와 생명에 파괴적인 위협이다.

특별히, 대량 살상 무기로 전개되는 전쟁들의 경우, 셀 수 없이 많은 인간의 죽음을 야기하기 때문만 아니라, 살아남은 자들의 삶 또한 견딜 수 없는 것으로 만들기 때문에, 그 결과들은 끔찍하다. 불치의 질병들이 등장할 것이고, 미래 세대에 심각하게 영향을 미치는 유전적 변형과 그 밖의 불행들이 초래될 것이다.

핵무기, 화학 무기, 생물학적 무기만 아니라, 그 밖의 모든 형태의 무기가, 주변 세계에 대한 패권과 지배의 환상을 불러일으킨다는 점에서 매우 위험하다. 이런 유형의 무장은 공포와 불신의 분위기를 조장하고, 무장의 새로운 흐름을 초래한다.

2. 그리스도의 교회는, 전쟁이 세상의 악과 죄에서 비롯된다고 생각하기에, 대화와 그 밖의 모든 적절한 방법들을 통해 전쟁을 예방하고 중지시키기 위한 모든 시도와 노력들을 격려한다. 전쟁이 불가피하게 된 경우, 교회는, 가능한 한 신속하게 평화가 회복될 수 있도록 모든 노력을 경주하면서, 군사적 충돌에 개입된 교회의 자녀들을 위해 그들의 생명과 자유를 보호해달라고 기도하며, 사목적 돌봄을 실천한다.

3. 정교회는 종교적 원리들에서 파생된 광신주의로부터 자극된 수많은 충돌과 전쟁들을 확고하게 단죄한다. 중동지역과 그 밖의 지역에서, 그리스도인들과 그 밖의 공동체들이 신앙으로 인해 겪는 억압과 박해의 끊임없는 증가와, 그리스도교를 그 역사적 발생지로부터 뿌리 뽑으려는 지속적 시도들은 깊은 우려를 자아낸다. 이로 인해, 기존의 종교 간 그리고 민족 간의 관계들이 위협받고, 많은 그리스도인들이 고향을 떠나도록 강요받는다. 전 세계 정교 그리스도인들은 이 지역의 형제 그리스도인들과 박해받는 모든 형제들의 처지에 공감하면서, 지역의 문제들에 대한 공평하고 지속가능한 해결책을 찾아가길 호소한다.

정교회는 또한 종족 말살, 국경의 변경, 영토 지배 등을 야기하는, 민족주의로부터 고취된 모든 전쟁들을 단죄한다.

## E. 차별에 맞서는 정교회

1. 정의의 임금(참고 히브리 7:2-3)이신 주님께서는 폭력과 불의(참고 시편 11:5)에 찬성하지 않으시고, 이웃을 향한 비인간적인 행위를 단죄하신다(참고 마태오 25:41-46, 야고보 2:15-16). 그분의 나라에는, 그리고 이 세상에서 그 형상과 현존으로 존재하는 교회에는, 증오와 적의와 불관용이 있을 자리가 없다.

2. 이 주제에 대한 정교회의 입장은 전적으로 명확하다. 정교회는 "하느님이 한 조상에게서 모든 인류를 내시어 온 땅 위에서 살게 하셨고"(사도행전 17:26), 그리스도 안에는 "유다인이나 그리스인이나 종이나 자유인이나 남자나 여자나 아무런 차별이 없으니, 그리스도 예수 안에서 모두 한 몸을 이루었기 때문"(갈라디아 3:28)이라는 신앙을 가진다. "누가 나의 이웃입니까?"라는 질문에, 그리스도께서는 선한 사마리아인의 비유로 대답하셨다.(루가 10:25-37) 이렇게 그분은 모든 적의와 편견의 벽을 헐어버리라고 가르쳐 주셨다. 정교회는 피부색, 종교, 인종, 성, 국적, 언어를 불문하고, 각 인간 존재는 하느님의 형상에 따라 하느님을 닮아가도록 창조되었고, 그래서 사회 안에서 똑같은 권리를 누린다고 고백한다. 그 신앙에 따라, 교회는, 인격들 사이에 존엄의 차이가 있다고 잘못 생각하는, 위에 열거한 모든 형태의 차별을 거부한다.

3. 교회는, 인권 존중과 사람에 대한 평등한 대우의 정신 안에서, 성사 교리, 가족 교리, 교회 안에서의 남녀의 위치에 대한 교리, 그리고 일반적으로는 교회 전통의 가치에 관한 교리에 비추어서, 이 원리들을 적용한다. 교회는 자신의 교리를 선언하고 공개적으로 증언할 권리를 가진다.

## F. 정교회의 사명, 섬김을 통한 사랑의 증언

1. 세상 속에서 구원의 사명을 수행하면서, 정교회는, 도움이 필요한 이들, 굶주린 이들, 결핍에 빠져 있는 이들, 병자들, 장애인들, 노인들, 억압받는 자들, 포로가 된 자들, 감옥에 갇힌 자들, 집 없는 이들, 고아들, 자연재해와 군사적 충돌의 희생자들, 인신매매와 우리 시대 모든 형태의 노예제의 희생자들에 대한 적극적인 돌봄을 제공한다. 극단적 궁핍과 사회적 불의를 극복하기 위한 정교회의 노력들은 그 신앙의 표현이다. 특별히 그것은 "너희가 여기 있는 형제 중에 가장 보잘것없는 사람 하나에게 해준 것이 바로 나에게 해준 것이다"(마태오 25:40)라고 말씀하심으로써 그 자신을 모든 인간 존재, 특별히 도움이 필요한 이들과 동일시하신 주님께 드리는 봉사이다. 다양한 목적의 디아코니아(봉사) 안에서, 교회는 관계된 다양한 사회적 기관들과 협력할 수 있다.

2. 개인들과 민족들 사이에 하느님의 피조세계의 재화들을 나눔에 있어서, 세상 속의 반목과 적대는 불의와 불평등을 낳는 한 원인이다. 그것들은 수백만의 사람들에게서 기본적으로 필요한 재화들을 박탈하고, 인간 실존의 불안정성을 증대시킨다. 그것들은 인구의 대규모 이주를 야기하고, 사회의 내적 통일성을 위협하는 종족적, 종교적, 사회적 갈등들을 낳는다.

3. 교회는 인류 전체에 부정적인 영향을 미치는 경제 과정 앞에서 결코 무관심할 수 없다. 교회는, "수고하여 약한 사람들을 도와주고 또 '주는 것이 받는 것보다 더 행복하다' 하신 주 예수의 말씀을 명심하라"(사도행전 20:35)는 사도 바울로의 가르침을 따라, 경제가 사람들을 위해 봉사할 수 있도록 그것이 도덕적인 기초 위에 세워져야 할 필요성을 역설한다. 대 바실리오스는 "각자가 자신의 직업 안

에서 목표로 삼아야 할 것은 가난한 이들을 돕는 것이지 자신만의 필요를 채우는 것은 아니다"(『대(大) 수도 규칙』, 42, PG 31, 1025A)라고 가르쳤다.

4. 일부 금융 자본의 무절제한 투기, 일부의 손에 독점된 부, 정의와 인간적 감성의 결핍으로 결국 인류의 필요에 부응하지 못하게 된 잘못된 경제 활동에서 연유하는 경제 위기로 인해, 부자와 빈자 사이에는 매우 끔찍한 수렁이 패여 있다. 효율성을 정의와 사회적 연대와 결합시킨 경제만이 지속가능한 경제다.

5. 이 비극적인 조건들 속에서, 세상에 창궐한 기아와 모든 형태의 비참에 맞선 투쟁에서 교회가 막대한 책임을 지고 있음은 분명하다. 모든 나라들이 세계화된 경제 체제 안에서 살아가게 된 우리 시대의 이 현상은, 현대 세계를 침식하고 있는 중대한 정체성 위기를 드러낸다. 기아는 사람의 생명이라는 하느님의 선물을 위험에 빠뜨릴 뿐만 아니라, 인간 인격의 위대성과 신성함을 훼손하고, 동시에 하느님 자신을 모독하기 때문이다. 이런 까닭에, 우리 자신의 양식에 대한 관심은 물질적인 것이지만, 우리 이웃의 양식에 관한 관심은 영적 차원의 주제이다(야고보 2:14-18). 그러므로 도움이 필요한 형제들과 연대하고 효과적인 방법으로 그들을 돕는 활동을 조직하는 것은 정교회의 의무다.

6. 지상의 수많은 백성들을 품고 있는, 보편적인 몸으로서의 그리스도의 거룩한 교회는, 인간적 연대의 원리를 앞세우면서, 충돌들의 평화적인 해결을 위한 민족들과 국가들의 보다 전진된 협력을 촉구한다.

7. 그리스도교적 윤리 가치들에 기반을 두지 않은 소비적인 삶의 방식이 인류 사회 안에 점증적으로 강요되고 있다는 사실에, 교회는 큰 관심을 둔다. 세속적 세계

화와 연계된 이 소비주의는, 그 영적 뿌리의 상실, 역사적 기억의 상실, 그리고 전통의 망각으로 사람들을 이끈다.

8. 미디어들은 자유주의적 세계화 이데올로기의 통제 아래 있고, 소비주의와 부도덕성의 진흥자가 되고 있다. 종교적 가치들을 무례하게 심지어 신성모독의 방식으로 다루는 경우들은, 사회 안에 큰 불화와 폭동을 야기하고 있기에, 정교회는 이에 큰 우려를 표한다. 정교회는 미디어에 의한 의식 지배의 위험, 개인과 민족들을 친화로 이끄는 것이 아니라 그들을 조종하기 위해 미디어를 사용하는 것의 위험을 신자들에게 경고한다.

9. 교리를 전파하고 인류 구원의 사명을 수행함에 있어서, 교회는 세속화의 발현에 점점 더 자주 직면한다. 그리스도의 교회는, 세상 안에서의 자신의 참된 사명을 상기시켜주는 신앙 경험에 의지함으로써, 하느님 나라를 "선포함으로써", 그리고 신자들에게 통일성의 의식을 진작시켜줌으로써, 그 예언자적 증언을 힘써 행하고 드러내도록 부름 받는다. 거대한 활동의 장이 교회에 열렸으니, 교회는 교회론적 가르침의 본질적 요소로서의 친교와 감사의 성찬이 드러내주는 통일성을 파편화된 세상에 제시한다.

10. 부의 끊임없는 증가에 대한 열망과 절제 없는 소비는, 불가피하게 자연 자원의 불균등한 이용과 고갈을 가져온다. 사람에 의해 경작되고 보호되도록 하느님이 창조하신 세상은(참고 창세기 2:15), 인간의 죄의 결과들을 겪고 있다. "피조물이 제 구실을 못하게 된 것은 제 본의가 아니라 하느님께서 그렇게 만드신 것이다. 그러나 거기에는 희망이 있다. 곧 피조물에게도 멸망의 사슬에서 풀려나서 하느님의 자녀들이 누리는 영광스러운 자유에 참여할 날이 올 것이다. 우리는

모든 피조물이 오늘날까지 다 함께 신음하며 진통을 겪고 있다는 것을 알고 있다"(로마 8:20-22).

기후 변화와 지구 온난화와 결부된 작금의 생태적 위기는, 인간 탐욕의 모든 결과들로부터 하느님의 피조세계를 보호하기 위해, 교회가 모든 영적 수단들을 통하여 기여해야 한다는 당위성을 더욱 분명하게 만든다. 물질적 필요들을 충족시키려는 이 탐욕은 인간의 영적 빈곤과 환경 파괴로 이끈다. "이 세상과, 그 안에 가득한 것이 모두 주님의 것, 이 땅과 그 위에 사는 것이 모두 주님의 것"(시편 24:1)이라고 했듯이, 지구의 자연 자원은 인간의 소유가 아니라 하느님의 것임을 잊지 말아야 한다. 이렇게 하느님의 선물인 환경에 대한 책임감을 진작시키고, 검소와 절제의 덕을 앞세움으로써, 정교회는 하느님의 피조세계의 보호를 강조한다. 창조주께서 우리에게 주신 자연적인 부에 대해, 단지 현세대만이 아니라 다가올 세대도 권리가 있음을, 우리는 잊지 말아야 한다.

11. 정교회의 관점에서, 과학적 탐구 능력은 사람에게 주신 하느님의 선물이다. 이렇게 주장하면서, 정교회는 동시에 몇몇 과학 기술의 사용이 감추고 있는 재앙에 주목한다. 과학자에게는 탐구의 자유가 있지만, 동시에 그리스도교적이고 인도주의적인 원리들이 침해당할 때 그 탐구는 중지되어야 한다고 정교회는 생각한다. "누구나 무슨 일이든지 할 자유가 있다. 그러나 무슨 일이든지 해서 다 유익한 것은 아니다"(1 고린토 6:12). 신학자 그레고리오스는 덧붙인다. "선은 그 수단들이 악할 때 더 이상 선이 아니다"(『신학 강론 1』, 4, PG 36, 16C). 과학의 거의 모든 분야 특별하게는 생물학에서 위험과 함께 거대한 성취들이 예견되는 상황에서, 자유의 한계들을 올바르게 설정하고 과학의 결실들을 올바르게 사용하려면, 교회의 이 관점은 필수적이다. 이 점과 관련하여 우리는, 잉태의 순간부터 인간 생명은 신성함을 분명하게 선언한다.

12. 우리는 최근 생물학과 생명공학에서 이뤄진 놀라운 발전에 주목한다. 이 성취들의 대부분은 인류에게 매우 유익한 것이지만, 또 어떤 것들은 윤리적 문제를 야기하는 것으로 혹은 거부되어야 할 것으로 여겨지고 있다. 정교회는 인간이 단지 세포와 피부와 장기의 총체는 아니라고, 또한 인간이 오직 생물학적 요소들로만 결정되는 존재는 아니라고 생각한다. 인간은 하느님의 형상에 따라 창조되었고(창세기 1:27), 따라서 그에 마땅한 존중과 함께 다뤄져야 한다. 이 근본적 원리를 인정하는 것은, 과학적 탐구에서 그리고 새로운 발견과 발명의 실제적 적용에서, 생의 모든 국면에서 마땅한 존중과 영예로 대우받을 인간의 절대적 권리와 피조세계 안에 계시된 하느님의 뜻이 반드시 수호되어야 한다는 결론으로 이끈다. 연구는 도덕적 영적 원리들과 그리스도교적인 규범들을 고려해야 한다. 또한 연구 안에서든 실천적 적용 안에서든, 하느님이 주신 계명에 순종하면서(참고 창세기 2:15), 피조세계를 존중하는 태도를 지녀야 한다는 것 또한 필수적이다.

13. 세속화 시대에, 특별히 현대 문명을 특징짓는 영적 위기를 보면서, 우리는 생명의 신성함을 드높여야할 필요가 있음을 본다. 자유와 나태한 삶을 혼동하는 것은, 범죄로, 성소 파괴와 훼손의 증가로, 이웃의 자유와 생명의 신성함에 대한 존중의 상실로 인도된다. 그리스도교 진리들의 실천적 경험을 통해 형성된 정교회 전통은, 우리 시대에 더욱 특별하게 드높여지고 증진되어야 할 영성과 금욕적 윤리의 담지자다.

14. 그리스도 안에서 젊은이들을 교육하는 것에 대한 교회의 특별한 사목적 관심은 계속되고 변함없다. 교회의 사목적 책임은 가족이라는 신성한 제도에로 확장된

다. 가족은, 언제나 반드시 한 남자와 한 여자의 결합으로서(에페소 5:32), 그리스도와 교회의 연합을 표상하는, 그리스도교적 결혼 성사에 기초해야 한다. 이것은 그리스도교 전통과 교리에 반대되는 동거 형태들에 대한 일부 국가의 법적 정당화 시도, 그리고 일부 그리스도교 공동체에서의 신학적 정당화 시도로 인해 매우 큰 이슈가 되었다. 모든 이가 그리스도의 유일한 몸 안에 총괄될 것을 기다리면서, 두 번째 강림의 때에 그리스도께서 다시 오셔서 "산 자와 죽은 자들을 심판하시리니"(I 베드로 4:5), "그의 통치는 끝이 없을 것"(루가 1:33)임을, 교회는 세상 모든 사람에게 상기시킨다.

15\. 모든 시대와 마찬가지로 현시대에도, 교회의 예언자적이고 사목적인 음성, 십자가와 부활의 구속적 말씀은, 사도 바울로의 말처럼, "참된 것과 고상한 것과 옳은 것과 순결한 것과 사랑스러운 것과 영예로운 것과 덕스럽고 칭찬할 만한 것들을"(빌립보 4:8) 택하고 실천하며 살라고 인간의 마음에 호소한다. 교회는, 십자가에 달리신 주님의 희생적 사랑이야말로, 평화, 정의, 자유, 개인들과 민족들 간의 연대로 가는 유일한 길이라고 선포한다. 그리고 그 유일하고 궁극적인 수단은, 바로 세상의 생명을 위해 희생되신 그리스도(참고 묵시록 5:12), 다시 말해 성부 성자 성령 성 삼위로 계시는 하느님의 무한한 사랑이니, 나라와 권세와 영광이 영원토록 그분의 것이다. 아멘.

12. 우리는 최근 생물학과 생명공학에서 이뤄진 놀라운 발전에 주목한다. 이 성취들의 대부분은 인류에게 매우 유익한 것이지만, 또 어떤 것들은 윤리적 문제를 야기하는 것으로 혹은 거부되어야 할 것으로 여겨지고 있다. 정교회는 인간이 단지 세포와 피부와 장기의 총체는 아니라고, 또한 인간이 오직 생물학적 요소들로만 결정되는 존재는 아니라고 생각한다. 인간은 하느님의 형상에 따라 창조되었고(창세기 1:27), 따라서 그에 마땅한 존중과 함께 다뤄져야 한다. 이 근본적 원리를 인정하는 것은, 과학적 탐구에서 그리고 새로운 발견과 발명의 실제적 적용에서, 생의 모든 국면에서 마땅한 존중과 영예로 대우받을 인간의 절대적 권리와 피조세계 안에 계시된 하느님의 뜻이 반드시 수호되어야 한다는 결론으로 이끈다. 연구는 도덕적 영적 원리들과 그리스도교적인 규범들을 고려해야 한다. 또한 연구 안에서든 실천적 적용 안에서든, 하느님이 주신 계명에 순종하면서(참고 창세기 2:15), 피조세계를 존중하는 태도를 지녀야 한다는 것 또한 필수적이다.

13. 세속화 시대에, 특별히 현대 문명을 특징짓는 영적 위기를 보면서, 우리는 생명의 신성함을 드높여야할 필요가 있음을 본다. 자유와 나태한 삶을 혼동하는 것은, 범죄로, 성소 파괴와 훼손의 증가로, 이웃의 자유와 생명의 신성함에 대한 존중의 상실로 인도된다. 그리스도교 진리들의 실천적 경험을 통해 형성된 정교회 전통은, 우리 시대에 더욱 특별하게 드높여지고 증진되어야 할 영성과 금욕적 윤리의 담지자다.

14. 그리스도 안에서 젊은이들을 교육하는 것에 대한 교회의 특별한 사목적 관심은 계속되고 변함없다. 교회의 사목적 책임은 가족이라는 신성한 제도에로 확장된

다. 가족은, 언제나 반드시 한 남자와 한 여자의 결합으로서(에페소 5:32), 그리스도와 교회의 연합을 표상하는, 그리스도교적 결혼 성사에 기초해야 한다. 이것은 그리스도교 전통과 교리에 반대되는 동거 형태들에 대한 일부 국가의 법적 정당화 시도, 그리고 일부 그리스도교 공동체에서의 신학적 정당화 시도로 인해 매우 큰 이슈가 되었다. 모든 이가 그리스도의 유일한 몸 안에 총괄될 것을 기다리면서, 두 번째 강림의 때에 그리스도께서 다시 오셔서 "산 자와 죽은 자들을 심판하시리니"(I 베드로 4:5), "그의 통치는 끝이 없을 것"(루가 1:33)임을, 교회는 세상 모든 사람에게 상기시킨다.

15. 모든 시대와 마찬가지로 현시대에도, 교회의 예언자적이고 사목적인 음성, 십자가와 부활의 구속적 말씀은, 사도 바울로의 말처럼, "참된 것과 고상한 것과 옳은 것과 순결한 것과 사랑스러운 것과 영예로운 것과 덕스럽고 칭찬할 만한 것들을"(빌립보 4:8) 택하고 실천하며 살라고 인간의 마음에 호소한다. 교회는, 십자가에 달리신 주님의 희생적 사랑이야말로, 평화, 정의, 자유, 개인들과 민족들 간의 연대로 가는 유일한 길이라고 선포한다. 그리고 그 유일하고 궁극적인 수단은, 바로 세상의 생명을 위해 희생되신 그리스도(참고 묵시록 5:12), 다시 말해 성부 성자 성령 성 삼위로 계시는 하느님의 무한한 사랑이니, 나라와 권세와 영광이 영원토록 그분의 것이다. 아멘.

교회가 국제적인 기구들, 공적인 권력들, 시민 사회, 미디어, 타 교파들, 국가 차원의 교파 간 기구들, 그리고 타 종교와 맺는 관계에서 가지는 권리들을 제한해서도 안 된다.

한 교회의 언어의 문제, 구체적인 교육과 사목의 문제들에 대해, '주교 회합'은 위 교회의 교회 당국과 협력할 수 있고, 이렇게 해서 민족적 전통들의 다양성이 신앙의 친교와 사랑의 관계 안에서 정교의 통일성을 확증케 한다.

## 6조

1. '주교 회합'은 지역 주교들의 선출, 그리고 그들에 대한 거룩한 독립 정교회들의 보증을 수용하고 등록한다.

2. '주교 회합'은 지극히 거룩한 독립 정교회들의 보증을 받지 못하는 그 지역의 공동체들의 교회법적 자격을 검토하고 결정한다.

3. '주교 회합'은, 지역의 모든 정교회 안에서 그 판단이 효력을 가지도록, 성직자들과 관련하여 그들의 주교가 선언한 모든 판단들을 등록해두어야 한다.

## 7조

1. '주교 회합'은 의장의 소집으로 적어도 일 년에 한 번 모인다. 또한 '실행 위원회'가, 혹은 '주교 회합' 구성원 3분의 1 이상이 발의한 서면 요구를 통해, 필요하다고 판단될 때마다 모일 수 있다.

2. '실행 위원회'는 3개월에 한 번씩 그리고 의장의 소집 혹은 구성원 3분의 1 이상이 발의한 서면 요구를 통해 필요할 때마다 모인다.

3. '주교 회합' 소집 요구서는 예외적인 상황이 아니라면 소집일 2개월 전에 통보되고, '실행 위원회'는 1주일 전에 통보된다. 소집 요구서에는 의제와 그에 따른 문서들이 첨부된다.

4. 의제는 '주교 회합' 첫 회기에서 승인되어야 하고, 참석 구성원 절대 다수의 결정을 통해서만 수정될 수 있다.

## 8조

'실행 위원회'의 의결 정족수는 구성원 3분의 2이고, '주교 회합'에서는 의장을 포함하여 구성원 절대 과반수이다.

## 9조

'주교 회합'의 활동은, 결정들의 실행을 감독할 책임을 지니는 의장의 지휘 아래, 정교회의 공의회적 전통의 원칙들에 부합하게 전개되어야 한다.

## 10조

1. '주교 회합'의 결정들은 만장일치로 이뤄진다.

2. '주교 회합'의 결정으로 범정교회 차원에서 검토될 필요성이 있다고 판단된, 공동의 이해에 관한 문제들이 있을 시, '주교 회합'의 의장은 확립된 범정교회적 절차에 따라 세계총대주교에게 문의한다.

## 11조

1. '주교 회합'의 결정에 따라, '주교 회합'의 구성원 주교 1명이 주재하는 위원회들이 설치되어, 전례, 사목, 재정, 교육, 에큐메니컬 그 밖의 문제와 사역을 담당할 수 있다.

2. 성직자든 평신도든, 이 위원회들의 구성원들은 '실행 위원회'에서 임명된다. 더 나아가 조언자들과 전문가들이 '주교 회합' 혹은 '실행 위원회'에 초대될 수 있지만, 투표권은 없다.

## 12조

1. '주교 회합'은, 지역의 필요에 따라, 정교회의 교회법을 존중하는 가운데, 위의 사항들을 완수하고 적용하기 위해 각각 고유한 내규를 세울 수 있다.

2. '주교 회합' 활동과 관련된 관할권과 재정의 문제는 모두, '주교 회합' 구성원들이 그들의 관할권을 행사하는 지역이 속해 있는 국가의 민법 규정 틀 안에서 결정된다.

## 13조

새로운 '주교 회합'의 구성, 기존의 '주교 회합'의 분리 혹은 폐지, 둘 이상의 '주교 회합'의 합병은, 한 교회 혹은 '주교 회합' 의장이 세계총대주교에게 요청하고 이에 대하여 '정교회 수장들의 회합'(Synaxis of the primates of the orthodox Churches)에서 내려진 결정에 의해서만 이뤄진다.

##  교회의 자치와 자치의 선언 방식

정교회 성 대 공의회는 "교회의 자치와 자치의 선언 방식"이라는 주제를 연구하였다. 5차 '정교회 성 대 공의회 준비 컨퍼런스'(샹베지, 2015년 10월 10일-17일)가 제출한 문서에 대해 토론을 거친 뒤, 공의회는 몇 가지 사소한 수정을 거쳐 다음과 같은 내용을 승인했다.

공의회가 검토한 문서의 문제들은 다음과 같은 주제와 관련된다.

    a) 자치 제도의 개념과 내용, 그리고 다양한 형태들,

    b) 한 지역 교회가 소속된 독립 교회에 자신의 자치를 요구하려 할 때, 충족되어야 할 전제 조건들,

c) 정교회 디아스포라 지역에서는 자치 교회가 만들어지지 않지만, 교회법적 관할권의 일부에 자치를 부여하는 절차를 시작하고 완수함에 있어서 독립 교회의 배타적인 권한,

d) 이 교회적 행위가, 자치 선언된 교회와 본래 소속된 독립 정교회와의 관계에, 그리고 여타 독립 정교회들과의 관계에 미치는 결과들.

1. 자치 제도는, 교회법상 한 독립 교회에 속한 구체적인 일부가 그 독립교회의 교회법적 관할권에 대하여, 상대적 혹은 부분적 자립의 위상을 가짐을, 교회법적인 방식으로 표현한다.

   a. 이 제도의 적용과 관련된 교회 관습 안에는, 자치 교회와 그것이 속한 독립교회와의 관계와 관련하여 다양한 의존의 단계들이 형성되었다.

   b. 자치 교회의 수장은 독립 교회의 합당한 교회 기관에 의해 승인되거나 선출된다. 그리고 자치 교회의 수장은 독립교회의 수장을 기억하고(commemorate), 독립교회는 자치교회의 교회법적 준거가 된다.

   c. 교회 관습 안에는, 자치 제도가 작동할 때 자치 교회가 독립 교회에 의존하는 정도에 따라 결정되는 다양한 적용 형태가 존재한다.

   d. 몇몇 형태에서는 자치 교회의 의존도가 자치 교회 수장의 독립 교회 주교회의 참여를 통해 표현된다.

2. 자신의 교회법적 관할권의 일부에 자치를 부여하는 절차를 시작하고 완수하는 교회법적 권한은, 자치가 선언된 교회가 준거로 삼고 있는 독립교회에 귀속된다.

   a. 자치를 요구하는 지역 교회는, 교회적, 교회법적, 사목적으로 요구되는 제 조

건들을 충족시키고 있다면, 준거로 삼고 있는 독립 교회에 이런 방향의 요구서를 제출하여, 이러한 요구를 하게 된 중대한 동기들을 설명한다.

b. 독립 교회는, 요구서를 받아 주교회의에서 그 전제 조건들과 요구 제시의 동기들을 평가한 뒤, 자치를 부여할 지 아니할 지를 결정한다. 긍정적인 결정의 경우, 독립교회는 교회 전통의 확립된 기준에 맞게, 그 자치 교회의 지리적 경계와 소속된 독립교회와 관계를 정하는 규범(Tomos)을 반포한다.

c. 독립 교회 수장은 세계총대주교청과 여타 독립 정교회에 자치 교회 선언을 고지한다.

d. 자치 교회는 정교회 간, 그리스도교파 간, 종교 간 관계에서, 자치를 얻어낸 바로 그 독립 교회를 매개로 하여 자신을 표현한다.

e. 각 독립 교회는 자신의 교회법적 지리적 경계의 한계 안에서만 자치를 부여할 수 있다. 정교회 디아스포라 지역에서의 자치 교회는, 엄격한 범정교회적인 실천에 따라 세계총대주교청에 의해 획득된 범정교회적 합의 이후에만 만들어진다.

f. 동일한 교회적 지리적 경계 안에서 두 독립교회에 의해 자치 상태가 부여됨으로써, 서로 간에 자치에 대한 이의제기가 발생할 경우, 당사자들은 함께 혹은 따로 세계총대주교에게 문의하고, 세계총대주교는 범정교회적 실천 관행에 따라 문제에 대한 교회법적 해결책을 찾는다.

3. 자치 선언에서 비롯되는 자치 교회의 결과들과 독립 교회와의 관계들은 다음과 같다.

a. 자치 교회 수장은 자치를 부여한 독립 교회 수장의 이름만을 기억한다.

b. 자치 교회 수장의 이름은 '기도 명부'(디프틱하)에 기록되지 않는다.

c. 자치 교회는 독립 교회에서 성유를 받는다.

d. 자치 교회의 주교들은 자치 교회 내의 합당한 기관에 의해 선출되고, 착좌하고, 심사받는다. 물질적인 차원에서 자치 교회에 어떤 능력이 부족할 때, 자치 교회는 소속된 독립교회의 도움을 받는다.

# 금식의 중요성과 오늘날 금식의 준수

 금식은 하느님의 계명이다(창세기 2:16-17). 성 대 바실리오스에 따르면, 금식은 "인류와 나이가 같다. 그것은 낙원에서 확립되었기 때문이다"(『금식에 대하여』, 1, 3. PG 31, 168B). 금식은 하나의 위대한 영적 싸움이고, 정교신앙의 금욕적 이상의 탁월한 표현이다. 사도들의 관습과 공의회 규범들 그리고 교부 전통 전체를 충실히 이어가는 정교회는, 인간의 영적인 삶과 그 구원에 있어서 금식이 가지는 위대한 가치를 줄곧 주장해 왔다. 연중 전례는 금식에 관한 교부들의 전통과 가르침을 드높이니, 그에 따르면, 인간을 끊임없고 빈틈없이 깨어있게 하고 그 안에서 영적 싸움에 대한 열정을 일으킴에 있어서, 금식은 필수적이다. 『사순절 예식서』(뜨리오디온)에서 금식은, 하느님의 선물, 빛으로 충만한 은총, 불패의 무기, 영적 싸움의 토대, 선을 향한 탁월한 길, 영혼의 양식, 하느님이 주시는 도움, 모든 묵상의 원천, 천사들의 삶과 같은 불멸하는 생명의 모방, 모든 선과 모든 덕의 '어머니'로 찬양된다.

2. 매우 오래된 제도인 금식은 이미 구약성경에서 발견되고(신명기 9:18, 이사야 58:4-10, 요엘 2:15, 요나 3:5-7), 신약성경에서도 확증된다. 주님께서는 세상에서의 사역을 시작하시기 전에 40일 동안 금식하셨고(루가 4:1-2), 또한 금식의 실천에 관하여 교훈을 주셨다(마태오 6:16-18). 더욱 일반적으로, 신약성경에서 금식은 절제와 참회와 영적 상승의 수단으로 묘사된다(마르코 1:6, 사도행전 13:2, 로마 14:21). 교회는 이미 사도들의 시대부터 금식의 중요성을 선포하였고, 수요일과 금요일을 금식일로 규정하였으며(『디다케』, 8, 1), 그리고 부활축일 이전의 금식 제도를 제정하였다(이레네오스의 증언, 에브세비오스, 『교회역사』 5, 24, PG 20, 497B-508AB에서 재인용). 분명 세기를 거치면서, 금식의 실천에 있어서 부활축일 이전 금식 기간 뿐만 아니라(알렉산드리아의 디오니시오스, 『바실리데스에게 보내는 편지』, PG 10, 1277), 신자들로 하여금 대축일들을 합당하게 준비케 하려는 목적으로 전례적이고 수도원적인 다양한 요소들의 영향 하에 다양한 내용과 수준의 여러 금식 기간이 채택되어 존재하게 되었다. 이렇게 금식은 전례 예식과 분리될 수 없다. 이 내적인 관계는 금식의 강도와 목표를 보여주고 그 영적인 특징을 부각시킨다. 이런 까닭에 모든 신자들은, 각각 자신의 힘과 가능성 안에서, 이 거룩한 제도를 무시하지 않으면서 이에 응답하도록 초대된다. "누구도 이 가르침의 길에서 벗어나지 않도록 조심하라. ... 만약 주님의 모든 멍에를 짊어질 수 있다면, 그대는 완전해질 것이요, 만약 그럴 수 없다면, 할 수 있는 것을 행하라. 금식에 관해서는 그대의 힘에 따라 그것을 감당하라"(『디다케』, 6, 1-3).

3. 영적 싸움으로서의 참된 금식은 끊임없는 기도, 진지한 참회와 결부된다. "금

식 없는 참회는 무가치하다"(대 바실리오스, 『금식에 대하여』, 1, 3, PG 31, 168A). 그것은 선행 없는 금식이 아무 것도 아닌 것과 같다. 특별히 재화의 불평등하고 불공정한 분배로 인해, 많은 민족 전체가 일용할 양식을 박탈당하기에 이른 우리 시대에는 더욱 그렇다. "형제들이여, 몸으로 금식하면서 또한 영으로도 금식합시다. 불의의 사슬, 격렬한 정념의 고리를 끊읍시다. 모든 불한 계약서를 찢어버리고, 가난한 이들에게 양식을 주고, 집 없는 이들을 받아줍시다"(대사순절 첫 번째 주간 수요일 만과 스티히라. 참고 이사야 58:6-7). 금식하는 것은 단지 몇몇 정해진 음식을 삼가는 것을 의미하지 않는다. "칭송받을 금식을 실천함에 있어서, 어떤 음식들을 삼가는 것 그 자체만으로는 충분치 않다. 하느님께서 받아주실 금식, 그분이 기뻐하실 금식을 실천하자. 참된 금식은 악을 행하지 않는 것, 혀를 조심하는 것, 화내는 것을 삼가는 것, 욕망과 모함과 거짓과 거짓 서약을 멀리하는 것이다. 스스로 이 모든 것을 없애는 것이 바로 참된 금식이다. 이 악들을 금식하는 것이야말로 선한 것이다"(대 바실리오스, 『금식에 대하여』, 2, 7, PG 31, 196D). 소비 형태와 양에 있어서의 음식의 절제와 소식(小食)은, 금식이라는 영적 싸움의 물질적 요소들을 구성한다. "금식은 양식의 절제를 의미한다. 하지만 양식은 우리를 더 의롭게도 더 불의하게도 만들지 않는다. 금식은 보다 심오한 의미를 가진다. 양식이 생명의 상징이고, 양식의 절제가 죽음의 상징이듯이, 우리 인간은 세상에 대해 죽기 위해 금식해야 하고, 그런 다음 신적인 양식을 얻어 하느님 안에서 살아야 한다"(알렉산드리아의 클레멘트, 『목가(牧歌)』(Eclogae), PG 9, 704D-705A). 이렇게 참된 금식은 신자들이 그리스도 안에서 살아가는 삶 전체와 관련되고, 전례적 삶, 특별히 신성한 감사의 성찬 성사에의 참여 안에서 그 절정을 발견한다.

4. 주님의 40일 금식은 신자들이 실천해야할 금식의 모범이다. 금식은 신자들로

하여금 주님의 순종에 적극적으로 참여하게 해주어, 우리로 하여금 "불순종으로 잃어버린 것을 순종을 통해 되찾을 수 있게"(신학자 그레고리오스, 『강론 45 : 거룩한 파스카(부활)에 대하여』, 28, PG 36, 661C) 해준다. 성 그레고리오스 팔라마스는, 의미 있는 방식으로, 금식의 특징, 특별히 대사순절 금식의 영적인 특징에 그리스도 중심적인 의미를 부여했던 교부 전통 전체를 이렇게 요약한다. "그러므로, 만약 그대가 금식한다면, 그대는 그리스도와 함께 수난을 당하고 죽을 뿐만 아니라 그분과 함께 부활할 것이고 영원토록 다스릴 것이다. 그의 죽음에 유사하게 참여하여 그분과 하나가 되었기에, 그대는 부활에도 참여할 것이고 그분 안에서 생명의 상속자가 될 것이다"(『설교 13 : 대사순절 다섯째 주일』, PG 151, 161.).

5. 정교 전통에 따르면, 영적 완전의 척도는 "그리스도의 충만의 경지"(에페소 4:13)이고, 그것에 도달하길 원한다면, 각자 그에 맞게 상승해야 한다. 이런 까닭에 금욕과 영적 싸움은, 완전자들이 더욱 완전함으로 나아가듯, 이생에서 끝이 없다. 살아서 신화(神化)에 도달하도록, 각자 자신의 고유한 역량에 맞게, 이 높은 경지의 요구에 응답하도록 초대된다. 그리고 그런 이들은, 모든 계명을 다 실천하고도, 결코 자만하는 법이 없이 이렇게 고백한다. "저희는 보잘것없는 종입니다. 그저 해야 할 일을 했을 따름입니다"(루가 17:10). 영적 삶에 대한 정교의 인식에 따르면, 누구도 금식의 선한 싸움을 방기해서는 안 되지만, 또한 자신의 비참한 상태를 충분히 인식하고 또 자기 성찰을 게을리 하지 않으면서, 모든 부족한 것들을 하느님의 자비에 내맡겨야 한다. 금식의 영적 싸움 없이 정교의 영적 삶에 들어가는 것은 불가능하기 때문이다.

6. 정교회는 자애로운 어머니처럼 구원에 알맞은 것이 무엇인지를 규정하고 거룩

한 금식 기간을 확립하였으니, 이는 그리스도 안에서 누리는 새 생명을 원수의 덫으로부터 지켜 주시기 위해 하느님께서 내려주신 "보호의 표징"이다. 거룩한 교부들의 발자취를 따라 교회는, 이전과 마찬가지로, 사도들의 계명들, 공의회 규범들, 거룩한 전통들을 보존한다. 정교회는 항상, 영적 완전과 구원을 위한 신자들의 훈련의 가장 탁월한 길로 거룩한 금식을 제시한다. 정교회는 신자들이 연중 금식 기간을 존중하고 지키는 것이 매우 필요하다고 선언한다. 연중 금식 기간은 다음과 같다. 거룩한 교회 규범에 규정된 대사순절 금식 기간과 연중 수요일 금요일 금식, 대림절 금식 기간, 성 사도 금식 기간, 성모 안식축일 금식 기간, 십자가 현양 축일 금식, 신현 축일 직전일 금식, 선구자 세례 요한의 참수일 금식, 이 밖에서 사목적 이유로 제시된, 혹은 신자들이 자유롭게 동의한 금식들이 있다.

7. 그럼에도 사목적 관용을 통해 교회는 또한 금식의 방식과 관련하여 자비로운 경륜(이코노미아)의 한계들을 제시했다. 결과적으로 교회는, 육체적 질환이 있거나 긴급한 필요 혹은 시기적인 어려움이 있을 경우에는, 지역 교회의 주교가 사목적 분별과 배려에 따라, 경륜(이코노미아)의 교회 원리를 적용할 수 있다고 결정했다.

8. 사실 오늘날 많은 신자들은, 게으름으로 혹은 삶의 그 어떤 조건 때문에, 금식과 관련된 계명 모두를 존중하지는 않고 있다. 일반적이든 개인적이든, 금식 관련 계명을 준수하지 않는 이 모든 경우들은 교회 안에서 사목적 배려와 함께 처리되어야 한다. 하느님께서는 금식의 가치를 소홀히 여기지 않으시지만, 동시에 "죄인이라고 해도 죽는 것을 기뻐하지 않으시고, 마음을 바로잡아 버릇을 고치고 사는 것을 기뻐하시기"(에제키엘 33:11) 때문이다. 그러나 질병, 군복

무, 직업의 조건 등과 같은 개인적인 이유에서건, 혹은 육식 이외의 식단이 불가능한 몇몇 나라의 기후 환경 혹은 사회-경제적 상황 등과 같은 일반적인 이유에서건, 금식 계명들을 철저하게 준수하는 것이 어려운 이들을 위해서는, 지역의 정교회가 자비로운 경륜과 관용의 방식을 정하여, 거룩한 금식의 '엄격성'을 경우에 맞게 완화할 수 있다. 이것은 언제나, 앞에서 말한 정신과 틀 안에서, 그리고 금식이라는 거룩한 제도를 약화시키지 않고자 하는 목적 안에서 이뤄져야 한다. 교회는 자비로운 관용을 대단히 신중하게 적용해야 하는데, 특별히 교회의 전통과 실천이 항상 획일적이지만은 않았던 금식에 관해서는 더욱 커다란 관용을 적용해야 한다. "매일 금식하는 것은 좋은 일이다. 하지만 금식하는 이는 금식하지 않는 사람을 욕하지 말아야 한다. 이런 경우들은 법제화될 필요도, 강제할 필요도 없다. 하느님이 맡기신 양떼들을 강제로 끌고 가는 것 또한 적절치 않다. 오히려 설득과 온유와 선한 말을 사용해야 한다"(다마스커스의 요한, 『거룩한 금식에 대하여』, 3, PG 95, 68B).

9. 거룩한 성찬 교제 전 3일 혹은 그 이상의 금식은, 아토스 성산의 성 니코데모스의 말씀대로, 신자들의 신심에 맡겨둔다. "... 신성한 교회법은 성찬 교제 전 금식을 명하지 않았지만, 심지어 일주일 내내 금식하는 사람은 잘 하는 것이다"(『6차 세계공의회 규범 13항 해설』, 페달리온(Pedalion) 37). 또한, 신자 전체는 교회의 탁월한 표현인 거룩한 감사의 성찬 교제 전 자정부터 음식을 삼가며 거룩한 금식을 준수해야 한다. 또한 영적 서약의 실천을 위해, 혹은 거룩한 목표의 성공을 위해, 유혹의 시기에, 하느님께 간구할 때, 세례 받기 전에(성인의 경우), 신품 받기 전에, 참회해야 할 때, 거룩한 순례 기간과 그 밖의 유사한 경우에, 참회의 징표로 금식을 실천하는 일에 익숙해져야 한다.

# 결혼 성사와 그 장애들

## I. 정교회 안에서의 결혼

1. 오늘날 결혼 제도는 세속화 현상, 윤리적 상대주의로 인해 위협받고 있다. 정교회는 결혼의 신성함을 근본적이고 의심할 수 없는 교리로 가르친다. 남자와 여자 사이에 합의된 자유로운 연합은 그것의 필수적 전제 조건이다.

2. 정교회 안에서, 결혼은 가장 오래된 신성한 법제도로 여겨진다. 그것은 첫 번째 인간인 아담과 이브가 창조됨과 동시에 제정되었기 때문이다.(참고 창세기 2:23-24) 이 연합은 단 번에 남자와 여자로 구성된 부부의 영적 친교만 아니라 인간 종족의 계속성을 담보할 능력과도 결부된다. 이런 까닭에, 신약 성경에서 언급된

바와 같이, 그리스도께서 갈릴레아 가나의 결혼잔치에서 물을 포도주로 변화시키시어 '첫 번째 표징'을 행하셨고 이렇게 하여 그분의 영광을 드러내셨을 때(참고 요한 2:11), 낙원에서 강복된 남자와 여자 사이의 결혼은 하나의 거룩한 신비가 되었다. 남자와 여자 사이의 분리할 수 없는 연합의 이 신비는 그리스도와 교회 사이의 연합의 형상이다.(참고 에페소 5:32)

3. 결혼 성사에 대한 그리스도 중심적인 이 예형론(typology)은, 왜 주교 혹은 사제가 특별한 기도를 통해 이 거룩한 관계를 축복하는 지를 잘 설명해준다. 이런 까닭에 하느님을 품은 성 이그나티오스는 「스미르나의 폴리카르포스에게 보내는 편지」에서, 결혼의 친교 안에서 연합하는 이들은 "주교의 동의 아래" 그렇게 해야 한다고 말했다. "그렇게 해서 결혼이 인간의 욕망이 아니라 주님의 뜻에 따라 이뤄지게 해야 하고, 모든 것이 하느님의 영광을 위해 이뤄져야 할 것"(V, 2)이라고 강조했다. 이렇게 신성하게 제정된 관계의 거룩한 특징과 결혼 안에서 고양되는 삶의 영적 내용은 "결혼이 모두에게 존중되고 잠자리가 더럽혀지지 않게 해야한다"(히브리 13:4)는 주장을 설명해준다. 이런 까닭에 정교회는 그 순결함에 대한 모든 훼손을 배격한다(참고 에페소 5:2-5, I 디모테오 4:4, 히브리 13:4).

4. 그리스도 안에서 한 남자와 한 여자가 연합하는 것은, 하나의 작은 교회 혹은 교회의 형상을 구성한다. 하느님의 강복으로, 결혼은 당사자들을 가장 높은 단계로 고양시킨다. 친교는 개인적 실존보다 탁월하기 때문이다. 결혼은 그 당사자들을 지극히 거룩하신 성 삼위 하느님의 왕국의 질서 안에 포함시키기 때문이다. 결혼의 전제 조건은 예수 그리스도에 대한 신앙을 신랑과 신부(남자와 여자)가 공유하는 것이다. 결혼이라는 연합의 토대는 그리스도 안에서의 통일성이다. 그리하여 부부가 성령을 통해 누리는 사랑의 복은, 부부로 하여금, 하느님

왕국의 신비와 하느님의 사랑 안에서 누리는 인류의 영원한 생명의 신비인, 그리스도와 그분의 교회 사이의 사랑을 반영하게 한다.

5. 결혼의 신성함을 보호하는 것은, 교회뿐만 아니라 전 사회에 부부의 친교를 더욱 빛나게 하는 가족을 보호함에 있어서, 항상 결정적으로 중요했다. 이렇게 결혼 성사를 통해 획득한 인격적 친교는, 단지 자연적 계약 관계가 아니라, 가족이라는 신성한 제도에서 창조적이고 영적인 힘이다. 교회의 영적인 사역 안에서나 사회의 기능 안에서나, 그것만이 자녀들의 보호와 교육을 보장한다.

6. 열방의 사도 바울로의 관용의 모범을 따라(참고 로마 7:2-3, I 고린토 7:12-15, 39), 필요한 엄격성과 합당한 사목적 감수성을 가지고 결혼을 축복함에 있어서, 교회는 친인척 관계, 영적 친족성, 기혼, 종교의 차이 등과 같이 결혼에 장애가 되는 부정적인 조건들과, 또한 성의 차이, 합법적인 나이 등과 같은 결혼의 긍정적인 전제들을 다룬다. 사목적 감수성이 필요한 것은, 성경 전통이 결혼이라는 자연적 결합과 교회의 신비 사이의 관계를 강조할 뿐만 아니라, 또한 교회 관습은, 예컨대 남자와 여자 사이의 결혼을 통한 결합을 "신적인 법과 인간적인 법의 일치"(Modestinus)로 여기는 그리스-로마 자연법의 원리들이 교회가 결혼의 신비에 귀속시킨 신성함과 양립 가능한 것이라 여기고 그것들에 준거하는 것을 배제하지 않기 때문이기도 하다.

7. 결혼 성사와 신성한 가족 제도가 직면하고 있는 이토록 힘겨운 현대적 조건들 안에서, 주교들과 사목자들은 합치된 사목적 노력을 기울여서, 아버지처럼 신자들을 보호하고 그들을 동행하며, 여러 가지 어려움으로 인해 약해진 그들의 희망을 견고히 하고, 큰 비도 거센 바람도 파괴할 수 없는 흔들림 없는 반석이신

그리스도의 기초 위에 가족 제도를 세워나가야 한다(참고 마태오 7:25).

8. 결혼은 가족의 심장이고, 가족은 결혼을 정당화한다. 오늘날 새로운 형태의 동거를 인정하라는 사회의 압력은 정교 그리스도인들에게 실제적인 위협이 되고 있다. 다양한 차원에서 발생하는 결혼과 가족 제도의 위기는, 사회 구조에 미치는 그 부정적 결과뿐만 아니라 전통적인 가족 관계에 미치는 위협으로 인해 정교회에 깊은 우려를 안긴다. 이런 흐름의 주된 희생자들은 부부와, 특별히 유아기부터 불행히도 아무 죄 없이 형벌을 겪어야 하는 자녀들이다.

9. 법에 따라 등록된 남자와 여자의 법률적 결혼은 국가에 의해 인정받는 단순한 합법적 동거일 뿐, 성사적 성격을 가지지 않았기에 하느님과 그 교회에 의해 강복된 결혼과는 다르다. 법률적으로 결혼관계를 맺은 교회의 구성원들은, 결혼성사의 가치와 그로부터 오는 은총을 이해하게 해줄 사목적 책임성을 가지고 다뤄져야 한다.

10. 교회는 교회 구성원들이 동성 간이나 이성 간에 맺는 동거계약뿐만 아니라, 결혼이 아닌 그 어떤 동거형태를 취하는 것도 받아들이지 않는다. 교회는, 그런 형태의 동거로 일탈한 구성원들로 하여금 참회의 참된 의미와 교회에 의해 강복된 사랑의 참된 의미를 이해할 수 있도록, 가능한 모든 사목적 노력을 기울여야 한다.

11. 이 위기의 위중한 결과들은 이혼, 낙태, 그리고 가족생활 내부의 다른 문제들의 증가로 드러난다. 이 결과들은 현대 사회 안에서 교회의 사역에 커다란 도전이 되고 있다. 그러므로 교회의 사목자들은 이러한 문제들과 맞서기 위해 가능

한 모든 노력을 기울여야 한다. 정교회는 교회의 모든 자녀들과, 선한 의지를 가진 모든 남녀에게 가족의 신성함을 충실하게 지켜 나가줄 것을 사랑으로 호소한다.

## II. 결혼의 장애들과 경륜(이코노미아)의 적용

1. 친족 관계, 인척 관계, 입양을 통한 가족 관계, 영적 친자 관계 등과 같은 결혼의 장애들과 관련하여, 거룩한 규범(5-6차 세계 공의회 53, 54항)의 명하는 모든 것, 그리고 그로부터 비롯되어 현재 지역 정교회들에서 표현되고 그들의 헌장 안에 지시되고 규정된 교회적 실천이 명하는 모든 것, 그리고 이 주제와 관련된 지역 정교회 주교회의의 결정들은 유효하다.

2. 불가역적으로 파기되지 않았거나 무효가 되지 않은 결혼과 이미 이뤄진 세 번째 결혼은, 중혼(重婚)과 네 번째 결혼을 명백하게 단죄하는 정교회 교회법 전통에 따라, 결혼의 절대적인 장애가 된다.

3. 거룩한 교회법에 따라, 수도 서원 삭발식 후 결혼하는 것은 엄격하게(acribeia) 금지된다.(4차 세계 공의회 규범 16항과 트룰로 5-6차 공의회 규범 44항)

4. 성직 그 자체는 결혼의 장애가 아니다. 하지만 엄격한 교회법 전통에 따라(트룰로 5-6차 공의회 규범 3항), 서품 후의 결혼은 금지된다.

5. 정교 신자가 비(非) 정교 그리스도인 혹은 비(非) 그리스도인과 맺은 '비(非) 정교인과의 결혼'(mixed marriage)에 대하여 다음과 같이 결정되었다.

i. 정교 신자와 비(非) 정교 그리스도인의 결혼은 교회법의 엄격한(acribeia) 적용에 따라 금지된다.(트룰로 5-6차 공의회 규범 72항)

ii. 결혼의 장애와 관련하여 교회의 경륜(이코노미아 oikonomia)를 적용할 수 있는가는, 거룩한 교회 규범의 원칙에 부합하게, 사람의 구원을 위한 사목적 분별의 정신 안에서, 각 독립 정교회의 거룩한 주교회의에 의해 결정된다.

iii. 정교 신자와 비(非) 그리스도인의 결혼은 교회 규범에 따라 엄격하게(acribeia) 금지된다.

6. 또한 결혼의 장애들과 관련하여 교회 전통을 적용하는 것은, 교회의 경륜(이코노미아)의 한계를 넘어서지 않는 범위에서, 이와 관련된 국가 법률의 규정을 또한 고려한다.

# 정교회와 다른 그리스도교 세계와의 관계

1. 하나이고 거룩하고 보편되고 사도적인 교회로서 정교회는, 정교회야말로 그 깊이 있는 교회적 자기인식을 바탕으로 현대 세계에서 교회일치를 촉진함에 있어서 중심에 서 있다고 주저함 없이 믿는다.

2. 정교회는, 우리 주 예수 그리스도께서 교회를 세우셨다는 사실과 성 삼위 하느님과 성사 안에서의 친교를 교회일치의 바탕으로 삼는다. 이 일치는 사도 계승과 교부들의 전통을 통해 표현되며, 지금까지 교회를 살아있게 해왔다. 정교회는 성경에 담긴, 그리고 교회에 보편성을 부여해주는 거룩한 전통에 담긴 모든 진리를 전파하고 선포할 의무와 사명을 지닌다.

3. 정교회의 교회 일치 사명과 책임은 세계공의회들에 의해 명확히 표현되었다. 세계공의회들은 특별히 참된 신앙과 성사적 친교 사이의 나뉠 수 없는 결합을 강조했다.

4. 정교회는, 모든 이의 일치를 위해 끊임없이 기도함으로써, 가깝거나 멀거나 교회와 멀어진 이들과 대화를 추진해왔다. 구체적으로, 교회는 그리스도를 믿는 이들의 일치를 회복하기 위한 방법과 수단에 대한 동시대의 연구를 이끌어 왔으며, 교회 일치 운동의 시작에서부터 참여하였고 그 형성과 보다 나은 발전에 기여해왔다. 뿐만 아니라, 정교회의 특징이기도 한 교회 일치 정신과 인류애에 힘입어, 그리고 "모든 사람이 구원받게 되고 진리를 알게 되길 바라시는"(1 디모테오 2:4) 하느님의 계명을 따라, 정교회는 그리스도교의 일치 회복을 위해 언제나 기도하며 싸워왔다. 이런 까닭에, 하나이고 거룩하고 보편되고 사도적인 교회 안에서 다른 그리스도인들과의 일치를 회복하는 운동에 정교회가 참여해온 것은 정교회의 본성과 역사에 조금도 낯선 것이 아니다. 오히려 그것은 사도로부터 이어온 신앙과 전통을 새로운 역사적 환경 속에서 지속적으로 표현하는 것이다.

5. 우리 시대 정교회가 참여하는 양자 간 신학적 대화와 교회일치 운동은 정교의 자기인식과 교회일치의 정신에 의지하고 있고, 7차에 걸친 세계공의회들을 통해 확립된 고대 교회의 전통과 신앙의 진리에 기초하여 그리스도인들의 일치를 추구하는 것을 목표로 삼고 있다.

6. 교회의 존재론적 본성으로부터, 교회의 일치는 결코 교란될 수 없는 것이다. 그

럼에도 정교회는 정교회와의 친교 안에 있지 않는 비(非)정교 그리스도 교회들과 교파들의 역사적 명칭을 받아들인다. 하지만 이들과의 관계는 가능한 한 신속하고도 객관적인 명료화에 기초해야한다고 믿는다. 특별히 교회론 전체에 관한 문제, 성사, 은총, 성직 그리고 사도 계승에 대한 일반적인 가르침에 대한 명료화가 필요하다. 신학적인 것만큼이나 사목적인 이유로 인해 정교회는, 대화를 통해서 정교회 밖에 있는 모든 이들에게 그리스도 안에서의 진리의 충만과 그 영적 보화들을 역동적으로 증언할 수 있으리라는 확신을 가지고, 또 일치로 이끌어 주는 길을 평탄케 하고자 하는 객관적 목표 하에, 타 그리스도인들과의 양자 간 혹은 다자 간 신학적 대화에, 그리고 더 일반적으로는 현대의 교회 일치 운동에 호의를 가지고 참여해 왔다.

7. 이러한 정신에 따라, 비록 교회 일치 운동 안에 심대한 위기가 일어나고 있지만, 오늘날 모든 지역의 지극히 거룩한 정교회들은 공식적인 신학적 대화에 능동적으로 참여하고 있다. 또한 이 교회들 대부분은 국가적, 지역적, 그리고 국제적인 차원의 그리스도인 간 조직에도 참여하고 있다. 정교회의 이와 같은 다양한 활동은, 우리가 진정 "그리스도의 복음을 전하는 데 조금이라도 방해가 되지 않길"(1 고린토 9:12) 원한다면 상호이해와 협력이야말로 근본적으로 중요하다는 책임감과 확신으로부터 비롯된다.

8. 다른 그리스도인들과 대화하는 동안, 정교회는 이러한 노력에 뒤따르는 어려움들을 과소평가하지 않는다. 반대로 정교회는 그것들을 고대 교회의 전통에 대한 공통된 이해로 나아가는 길에서 만날 수 밖에 없는 불가피한 장애물들로 여기면서, "함께 모인 교회를 굳세게 하실"(성령강림대축일 스티히라) 성령께서 "모든 부족한 것을 채워주실 것"(신품성사 서품기도)이라는 희망을 품고 전진한다. 이런

의미에서, 다른 그리스도교 세계와의 관계 안에서, 정교회는 이 대화와 관련된 사람들의 노력에만 의존하지 않고, 무엇보다 성령의 인도와 "하나가 되게 하소서"(요한 17:21)라고 기도하신 주님의 은총에 의지한다.

9. 범(凡) 정교회 컨퍼런스에서 예고된 현대의 양자 간 신학적 대화에서, 정교회는 이 대화들에 적극적이고 지속적으로 참여하도록 요청받은 모든 지역의 거룩한 정교회들이 만장일치로 결정한 것을 표현한다. 그리하여 성 삼위 하느님의 영광에 대한 정교의 일치된 증언은 조금도 방해받지 않는다. 어떤 개별 지역 교회가 어떤 대화 혹은 어떤 회기에는 대표를 지명하지 않기도 하지만, 그런 결정이 범(凡) 정교회 차원에서 이뤄진 것이 아닌 한 대화는 여전히 지속된다. 어떤 지역 교회의 불참은, 무엇이든 간에, 반드시 대화의 개회 혹은 해당 모임 이전에, 정교회의 연대와 일치를 표현하기 위해서, '대화에 참여하는 정교회 위원회' 안에서 논의되어야 한다. 그리고 양자 간 혹은 다자 간 신학적 대화는 주기적으로 범(凡) 정교회 차원의 평가를 받을 필요가 있다.

10. '공동 신학 위원회'(Joint Theological Commission)의 신학적 논의 중에 발생하는 문제들 그 자체만으로는, 어떤 지역 정교회가 대표를 일방적으로 소환하거나, 더 나아가 대화에서 결정적으로 철수할 충분한 근거가 되지는 못한다. 일반적인 규칙에 따르면, 한 교회가 어떤 특정 대화에서 철수하는 것은 삼가야 한다. 이러한 일이 발생할 경우에는, 이 대화에 참여하는 '정교회 신학 위원회'의 온전한 대표성을 다시 회복하기 위해, 필요한 노력들이 정교회 간에 이뤄져야 한다. 하나 혹은 그 이상의 정교회들이 중대한 교회론적, 교회법적, 사목적, 윤리적 이유로 어떤 주어진 대화의 '공동 신학 위원회' 모임에 참여하길 거부한다면, 이들 교회는 범(凡) 정교회 차원의 관습에 따라 세계총대주교와 모든 정교

회들에게 이를 서면으로 통보해야한다. 범(凡) 정교회를 아우르는 회의에서, 세계총대주교는 이후 가능한 행보에 대해 다른 모든 정교회들의 합의를 얻도록 노력해야 한다. 물론 이 행보에는, 반드시 필요하다고 만장일치로 의견이 모아진다면, 문제가 된 신학적 대화의 진전 자체를 재검토하는 것도 포함된다.

11. 신학적 대화에서 따라야 할 방법론은, 과거로부터 물려받은 신학적 차이나 최근에 등장한 신학적 차이의 해소, 그리고 그리스도교 신앙의 공통요소를 찾는데 목표를 둔다. 이러한 과정은 전체 교회가 대화의 다양한 발전에 대해 지속적으로 정보를 얻어야만 가능하다. 어떤 구체적인 신학적 차이를 극복할 수 없게 되었을 때는, 이 구체적인 신학적 문제에서 확인된 불일치를 분명히 기록하고, 향후 대화의 진전을 위해 무엇을 해야 하는 지 숙고할 수 있도록, 이 불일치 지점을 모든 지역 정교회들에 알려주면서, 대화를 지속해 나갈 수 있다.

12. 신학적 대화에서 모두의 공통된 목적은 참된 신앙과 사랑 안에서 일치를 궁극적으로 회복하는 것이다. 그러나 현존하는 신학적 교회론적 차이들은, 범 정교회 차원에서 정해진 이 목표를 실현하는 도정에서 제기되는 도전들에 대한 일종의 서열화를 허용한다. 각각의 양자 간 대화와 결부된 문제들의 특수성은, 각각의 경우에 따른 방법론에서의 차별화를 전제할 뿐, 목표의 차별화를 요구하지 않는다. 왜냐하면 모든 대화에서 목표는 단지 하나일 뿐이기 때문이다.

13. 그럼에도 불구하고, 필요하다면, 정교회의 현존하는 일치성이 이 대화의 장에서도 분명하게 드러나야 하는 만큼, 다양한 '정교회 간 신학 위원회'(Inter-orthodox Theological Commission)의 과제들을 조정하려는 노력들이 필요하다.

14. 무엇이든 간에, 공식적인 신학적 대화의 결론은, 관계된 '공동 신학 위원회'가 과업을 완수함과 함께 도출된다. 그리고 '정교회 간 위원회'(Inter-orthodox Commission)의 의장은 세계총대주교에게 보고서를 제출하고, 세계총대주교는 다른 지역 정교회 수장들의 동의를 얻어 대화의 결론을 반포한다. 이와 같은 범정교회적 결정을 통해 선언되기 전에는, 어떤 대화도 완수되지 않은 것으로 여긴다.

15. 어떤 신학적 대화가 성공적인 결론을 내놓더라도, 교회적 친교의 회복에 관한 범 정교회적 결정은 모든 지역 정교회들의 만장일치에 기반 해야 한다.

16. 현대의 교회 일치 운동의 역사에서 주요한 기관 중 하나는 'WCC(세계교회협의회)'다. 몇몇 정교회는 WCC의 창립회원이었으며, 후에는 모든 지역 정교회들이 회원이 되었다. 비록 비(非)정교회 그리스도교 교회들과 교파들을 모두 포함하지는 않지만, 그리스도교 간의 연합조직인 WCC는, '유럽교회협의회', '중동그리스도교회협의회', '아프리카교회협의회' 등과 같은 여타 그리스도교 연합 조직과 지역별 연합체들과 함께, 그리스도교의 일치를 증진시키는 중요한 사명을 수행한다. 조지아 정교회와 불가리아 정교회는 WCC를 각각 1997년과 1998년에 탈퇴했다. 이 교회들은 WCC의 활동에 대해 다른 견해를 가지고 있었고, 이런 까닭에 WCC와 여타 그리스도교 연합 조직들이 벌이는 활동들에 더 이상 참여하지 않는다.

17. WCC의 회원인 지역 정교회들은 WCC에 독립적으로 그리고 동등하게 참여하며, 가지고 있는 모든 수단들을 통해, 평화적 공존과 주요 사회정치적 문제들

에 대한 협력을 증진시키는데 기여하고 있다. 정교회는, 1998년 테살로니키에서 열린 '정교회 간 컨퍼런스'(Inter-orthodox Conference)에서 제기된 '정교회의 WCC 참여를 위한 특별위원회'(Special Commission on Orthodox Participation in the WCC)의 설치 요청에 대해 긍정적으로 응답한 WCC의 결정을 기꺼이 받아들였다. 정교회가 제안하고 WCC가 수락한 이 특별위원회에서 정한 규준들은, '합의와 협력을 위한 상설 위원회'(Permanent Commitee on Consensus and Collaboration)의 설립으로 인도되었다. 그리고 그 규준들은 승인되어 WCC의 헌장과 내규에 포함되었다.

18. WCC에 참여하면서도, 정교회 교회론, 정교회 내적 구조의 정체성, 고대 교회의 가르침을 충실하게 지켜온 정교회는, 그리스도교의 모든 교파가 동등하다는 생각을 절대 받아들이지 않으며, 어떤 경우에도 교회 일치를 교파간의 타협으로 인식하지 않는다. 이러한 정신 안에서 볼 때, 정교회가 WCC 안에서 추구하는 일치는 결코 신학적 합의의 산물일 수 없다. 그것은 정교회의 성사 안에서 보전되고 경험되는 신앙의 일치에 기반을 두어야 한다.

19. WCC 회원인 정교회들은, 성경에 따라 주 예수 그리스도를 구세주 하느님으로 믿으며 니케아 콘스탄티노플 신경에 따라 성부 성자 성령 성 삼위 한 하느님을 고백하는 교파만이 회원이 될 수 있다고 규정한 WCC 헌장의 근본 조항을, 정교회가 WCC에 참여하기 위한 필수불가결한 조건으로 간주한다. 정교회는 「교회, 교회들 그리고 세계교회협의회」라는 제목으로 발표된 토론토 선언의 교회론적 전제들이 정교회의 WCC 참여에서 결정적 중요성을 가진다고 확신한다. 따라서 어떤 의미에서든 WCC는 '초(超)교회'가 아니고 '초(超) 교회'가 되어서도 안 된다. "WCC가 추구하는 목표는 교회들의 연합을 협상하는 것이

아니니, 교회들의 연합이란 오직 교회들 자신의 주도로 그들 자신들로부터만 발의될 수 있기 때문이다. WCC가 추구하는 목표는 오히려 교회들 간의 살아있는 만남들을 만들어내고 그리스도교의 일치와 관련된 문제들에 대한 연구와 논의를 촉진하는 것이다. 그러므로 어떤 교회도 WCC에 가입 할 때 자신의 교회론을 바꿀 의무가 없다 … 또한 WCC에 가입되었다는 사실만으로, 각 교회가 다른 교회들을, 참되고 완전한 의미에서의 교회들이라고 간주해야할 의무가 있는 것은 아니다"(「토론토 선언」 2항, 3.3, 4.4).

20. 정교회가 다른 그리스도인들과 함께 참여하는 신학적 대화의 전망들은 언제나 정교회 교회론의 원리들과 이미 확립된 교회 전통의 교회법적 기준들에 바탕을 두고 결정된다(2차 세계공의회 규범 7조, 퀴니섹스트 공의회 규범 95조).

21. 정교회는 '신앙과 직제 위원회'(Commission on Faith and Order)의 활동을 더욱 강화하길 원하고 오늘날 이 위원회가 지금까지 실현한 신학적 기여를 깊은 관심을 가지고 주목한다. 정교회는, 정교 신학자들이 참여하고 기여한 '신앙과 직제' 위원회에 의해 간행된 신학적 문서들을 긍정적으로 평가하니, 이것은 교회들의 친교를 향한 교회 일치 운동의 매우 가치 있는 한 걸음을 표상한다. 그럼에도 정교회는 여전히 신앙과 직제와 관련된 중요한 지점들에 대해 유보적인 태도를 유지한다. 왜냐하면 비(非)정교회 교회들과 교파들은 하나이고 거룩하고 보편되며 사도적인 교회의 참된 신앙에서 멀어졌기 때문이다.

22. 정교회는, 소위 참된 정교 신앙의 순수성을 지킨다는 미명하에 교회의 일치를 깨드리려는, 개인 혹은 집단의 모든 시도가 단죄 받아 마땅한 것이라고 여긴다. 정교회의 삶 전체가 증언하듯이, 순수한 정교 신앙의 보존은, 교회 안에서

신앙과 교회 규범에 관한 한 언제나 최고의 권위를 구성해 온 공의회를 통해서만 수호된다(2차 세계공의회 규범 6조).

23. 정교회는 그리스도인 간 신학적 대화의 필요성에 대해 공통된 인식을 가지고 있다. 그러므로 정교회는 이 대화가, 개종주의, 교회 귀일 시도(uniatism), 또는 다른 갈등을 촉발하는 교파 간 경쟁행위 등을 배제하고, 언제나 세상 속에서의 증언, 복음의 "말할 수 없는 기쁨"(1 베드로 1:8)을 표현하는 상호 이해와 사랑의 행동과 함께 가야한다고 믿는다. 이러한 정신으로, 정교회는, 우리 그리스도인들이 복음이라는 공통된 근본 원리로부터 영감을 받아, 그리스도 안에서의 새 사람이라는 탁월한 이상적 모델에 기초하여, 오늘날 세계가 우리에게 제기하는 끔찍한 문제들에 대해, 열정과 연대의 정신을 가지고 응답하는 것이 매우 중요하다고 생각한다.

24. 정교회는, 그리스도교의 일치를 회복하려는 운동이, 새로운 환경에 응답하고 오늘날 새로운 도전에 대응하기 위해 새로운 형태들을 취하고 있음을 잘 알고 있다. 정교회가 사도적 전통과 신앙에 기초하여 분열된 그리스도교 세계에 계속해서 자신의 증언을 제공하는 것은 피할 수 없는 것이다.

우리는, "한 양떼가 되어 한 목자 아래 있게 되리라"(요한 10:16)는 정교회들의 희망을 주님께서 이뤄주실 날이 속히 오도록 모든 그리스도인들이 함께 일하길 기도한다.

정교회 성 대 공의회
# 참석 대표 명단

## 콘스탄티노플 세계총대주교 관구 대표단

바르톨로메오스, 콘스탄티노플 세계총대주교. 의장
레온, 카렐리아와 핀란드의 대주교
스테판, 탈린과 에스토니아의 대주교
요한, 페르가몬의 대주교
디미트리오스, 미국 대주교
아우구스티누스, 독일 대주교
이리네오스, 크레타의 대주교
이사야, 덴버의 대주교
알렉시오스, 애틀랜타 대주교
야고보, 프린스 섬의 대주교
요시프, 프리코니소스의 대주교
멜리톤, 필라델피아의 대주교
엠마누일, 프랑스의 대주교
니키타스, 다르다넬스의 대주교
니콜라오스, 디트로이트의 대주교
게라시모스, 샌프란시스코의 대주교
암필로키오스, 키사모스와 셀리노스의 대주교
암브로시오스, 한국의 대주교
막시모스, 셀리브리아의 대주교
암필로키오스, 아드리아노폴리스의 대주교
칼리스토스, 디오클리아의 대주교
안토니오스, 이에라폴리스의 대주교, 미국 우크라이나 정교회
욥, 텔메소스의 대주교
요한, 카리우폴리스의 대주교(서유럽 러시아 정교회 세계총대주교청 대리교구)

그레고리오스, 니사의 주교, 미국 카르파토-러시아 정교회
마카리오스, 크리스투폴리스의 주교(에스토니아)

## 알렉산드리아 총대주교 관구 대표단

테오도로스, 알렉산드리아 총대주교
가브리엘, 레온토폴리스의 대주교
마카리오스, 나이로비의 대주교
요나, 캄팔라의 대주교
세라핌, 짐바브웨와 앙골라의 대주교
알렉산드로스, 나이지리아의 대주교
테오필락토스, 트리폴리의 대주교
세르기오스, 굿 호프(Good Hope)의 대주교
아타나시오스, 키레네의 대주교
알렉시오스, 카르타고의 대주교
예로니모스, 므완자의 대주교
게오르기오스, 기니의 대주교
니콜라오스, 헤르모폴리스의 대주교
디미트리오스, 이리노폴리스의 대주교
다마스키노스, 요한네스버그와 프레토리아의 대주교
나르키쏘스, 아크라의 대주교
이그나티오스, 마다가스카르의 대주교
엠마누엘, 프톨레마이도스의 대주교
그레고리오스, 카메룬의 대주교
니코데모스, 멤피스의 대주교
멜레티오스, 카탕가의 대주교

판델레이몬, 브라자빌과 가봉의 주교
이노켄티오스, 부룬디와 르완다의 주교
크리소스토모스, 모잠비크의 주교
네오피토스, 니에리와 케냐의 주교

## 예루살렘 총대주교 관구 대표단

테오필로스, 예루살렘 총대주교
베네딕투스, 필라델피아의 대주교,
아리스타르코스, 콘스탄틴의 대주교
테오필락토스, 요르단의 대주교
넥타리오스, 안티도나의 대주교
필루메노스, 펠라의 대주교

## 세르비아 독립 관구 대표단

이리네이, 벨그라드 대주교, 세르비아 총대주교
조반, 오흐리드의 대주교, 스코페의 대주교
암필로키예, 몬테네그로의 대주교
포르피리예, 자그레브의 대주교
바실리예, 시르미움의 주교
루키얀, 부딤의 주교
롱긴, 노바 그라카니카의 주교
이리네이, 바치카의 주교
흐리소스톰, 즈보르니크와 투즐라의 주교
유스틴, 지카의 주교
파코미예, 브라니예의 주교

조반, 슈마디야의 주교
이그나티예, 브라니체보의 주교
포티예, 달마티아의 주교
아타나시예, 비하츠와 페트로바크의 주교
요아니코스, 닉시치와 부디믈야의 주교
그레고리예, 자쿠믈야와 헤르제고비나의 주교
밀루틴, 발예보의 주교
막심, 미국 서부의 주교
이리네이, 오스트레일리아와 뉴질랜드 주교
다비드, 크루세바츠의 주교
조반, 슬라보니야의 주교
안드레이, 오스트리아와 스위스의 주교
세르기예, 프랑크푸르트와 독일의 주교
일라리온, 티모크의 주교

### 루마니아 독립 관구 대표단

다니엘, 부쿠레슈티의 대주교, 루마니아 독립교회의 총대주교
테오판, 이아시와 몰도바와 부코비나의 대주교
라우렌티우, 시비우와 트란실바니아의 대주교
안드레이, 바트와 펠레악과 클루즈와 크리사나와 마라무레스의 대주교
이리네우, 크라이오바와 올테니아의 대주교
요안, 티미소아라와 바나트의 대주교
요시프, 남 서 유럽의 대주교
세라핌, 독일과 중 유럽 대주교
니폰, 타르고비슈테의 대주교

이리네우, 알바 율리아의 대주교
요아킴, 로마와 바카우의 대주교
카시안, 저(低) 다뉴브의 대주교
티모테이, 아라드의 대주교
니콜라에, 미국 대주교
소프로니에, 오라데아의 주교
니코딤, 스트레하이아와 세베린의 보좌 주교
베사리온, 툴체아의 주교
페트로니우, 설라지의 주교
실루안, 헝가리 주교
실루안, 이탈리아 주교
티모테이, 스페인과 포르투갈 주교
마카리에, 북유럽 주교
발람, 대주교, 총대주교 보좌 주교
에밀리안 로비스테아눌, 미국 루마니아 정교회 대교구 보좌주교

## 그리스 독립 관구 대표단

예로니모스, 아테네와 전 그리스 대주교
프로코피오스, 필리피와 네아폴리스와 타소스의 대주교
크리소스토모스, 페리스테리온의 대주교
게르마노스, 일리아의 대주교
알렉산드로스, 만티니아와 키누리아의 대주교
이그나티오스, 아르타의 대주교
다마스키노스, 디디모티콘과 오레스티아스와 수플리의 대주교
알렉시오스, 니케아의 대주교

이에로테오스, 나프팍토스와 아기오스 블라시오스의 대주교
에브세비오스, 사모스와 이카리아의 대주교
세라핌, 카스토리아의 대주교
이그나티오스, 디미트리아스와 알미로스의 대주교
니코데모스, 카산드리아의 대주교
에프렘, 이드라와 스페체스, 에기나의 대주교
테올로고스, 세레스과 니그리타의 대주교
마카리오스, 시디로카스트론의 대주교
안티모스, 알렉산드루폴리스의 대주교
바르나바스, 네아폴리스와 스타브루폴리스의 대주교
크리소스토모스, 메쎄니아의 대주교
아테나고라스, 일리온과 아카르논과 페트루폴리의 대주교
요아니스, 랑카다와 리티스와 펜디니스의 대주교
가브리엘, 네아 이오니아와 필라델피아의 대주교
크리소스토모스, 니코폴리스와 프레베자의 대주교
테오클리토스, 이에리쏘스와 아기온 오로스와 아르다미리의 대주교

## 키프로스 독립 관구 대표단

크리소스토모스, 키프로스 대주교
게오르기오스, 파포스 대주교
크리소스토모스, 키티온의 대주교
크리소스토모스, 키리니아의 대주교
아타나시오스, 리마쏠의 대주교
네오피토스, 모르푸의 대주교
바실리오스, 콘스탄티아와 아몬코스토스의 대주교

니키포로스, 키코스와 틸리리아의 대주교
이사야, 타마소스와 오리니의 대주교
바라나바스, 트리미투사와 레프카라의 대주교
크리스토포로스, 카르파시온의 주교
넥타리오스, 아르시노이의 주교
니콜라오스, 아마투스의 주교
에피파니오스, 리드라의 주교
레온디오스, 키트론의 주교
포르피리오스, 네아폴리스의 주교
그레고리오스, 메사오리아의 주교

## 폴란드 독립 관구 대표단

사바, 바르샤바와 폴란드 대주교
시몬, 로츠와 포즈난의 대주교
아벨, 루블린와 헤움의 대주교
야콥, 비알리스톡과 그단스크의 대주교
게오르기오스, 시에미아티체의 주교
파이시오스, 고를리체의 주교

## 알바니아 독립 관구 대표단

아나스타시오스, 티라니와 두레스와 알바니아 대주교
요안, 코리차의 대주교
디미트리오스, 아르기로카스트론의 대주교
니콜라, 아폴로니아와 피에르의 대주교
안톤, 엘바산의 대주교

나타나엘, 아만티아의 대주교
아스티, 빌리스의 주교

### 체코 독립 관구 대표단

라스티슬라브, 프레소프와 체코와 슬로바키아 대주교
미카엘, 프라하의 대주교
이사야, 슘페르크의 주교

# 부록

현대 세계에서 정교회의 사명
서명 문서

Ἁγία καί Μεγάλη Σύνοδος τῆς Ὀρθοδόξου Ἐκκλησίας
Ὀρθόδοξος Ἀκαδημία Κρήτης, 18 – 27 Ἰουνίου 2016.

# Η ΑΠΟΣΤΟΛΗ ΤΗΣ ΟΡΘΟΔΟΞΟΥ ΕΚΚΛΗΣΙΑΣ ΕΙΣ ΤΟΝ ΣΥΓΧΡΟΝΟΝ ΚΟΣΜΟΝ

*Ἡ συμβολή τῆς Ὀρθοδόξου Ἐκκλησίας εἰς ἐπικράτησιν τῆς εἰρήνης, τῆς δικαιοσύνης, τῆς ἐλευθερίας, τῆς ἀδελφοσύνης καί τῆς ἀγάπης μεταξύ τῶν λαῶν, καί ἄρσιν τῶν φυλετικῶν καί λοιπῶν διακρίσεων.*

«Οὕτω γάρ ἠγάπησεν ὁ Θεός τόν κόσμον, ὥστε τόν Υἱόν αὐτοῦ τόν μονογενῆ ἔδωκεν, ἵνα πᾶς ὁ πιστεύων εἰς αὐτόν μή ἀπόληται, ἀλλ' ἔχῃ ζωήν αἰώνιον» (Ἰωάν. γ', 16). Ἡ Ἐκκλησία τοῦ Χριστοῦ ζῇ «ἐν τῷ κόσμῳ», ἀλλά δέν εἶναι «ἐκ τοῦ κόσμου» (Ἰωάν. ιζ', 11 καί 14-15). Ἡ Ἐκκλησία ὡς Σῶμα τοῦ σαρκωθέντος Θεοῦ Λόγου (Ἰωάννου Χρυσοστόμου, Ὁμιλία πρό τῆς ἐξορίας, β', PG 52, 429) εἶναι ἡ ζῶσα «παρουσία», τό σημεῖον καί ἡ εἰκών τῆς Βασιλείας τοῦ Τριαδικοῦ Θεοῦ ἐν τῇ ἱστορίᾳ, εὐαγγελιζομένη «καινήν κτίσιν» (Β' Κορ. ε', 17), «καινούς οὐρανούς καί γῆν καινήν... ἐν οἷς δικαιοσύνη κατοικεῖ» (Β' Πέτρ. γ', 13). Ἕνα κόσμον, εἰς τόν ὁποῖον ὁ Θεός «ἐξαλείψει πᾶν δάκρυον ἐκ τῶν ὀφθαλμῶν αὐτῶν (τῶν ἀνθρώπων), καί ὁ θάνατος οὐκ ἔσται ἔτι, οὔτε πένθος οὔτε κραυγή οὔτε πόνος οὐκ ἔσται ἔτι» (Ἀποκ. κα', 4-5).

Τήν προσδοκίαν αὐτήν βιώνει ἤδη καί προγεύεται ἡ Ἐκκλησία, κατ' ἐξοχήν ὁσάκις τελεῖ τήν θείαν Εὐχαριστίαν, συνάγουσα «ἐπί τό αὐτό» (Α' Κορ. ια' 11, 20) τά διεσκορπισμένα τέκνα τοῦ Θεοῦ (Ἰωάν. ια', 52) εἰς ἕν σῶμα ἄνευ διακρίσεως φυλῆς, φύλου, ἡλικίας, κοινωνικῆς ἤ ἄλλης καταστάσεως, ὅπου «οὐκ ἔνι Ἰουδαῖος, οὐδέ Ἕλλην, οὐκ ἔνι δοῦλος οὐδέ ἐλεύθερος, οὐκ ἔνι ἄρσεν καί θῆλυ» (Γαλ. γ', 28, πρβλ. Κολ. γ', 11), εἰς ἕνα κόσμον καταλλαγῆς, εἰρήνης καί ἀγάπης.

Τήν πρόγευσιν αὐτήν τῆς «καινῆς κτίσεως», τοῦ μεταμορφωμένου κόσμου, βιώνει ἐπίσης ἡ Ἐκκλησία εἰς τά πρόσωπα τῶν Ἁγίων της, οἱ ὁποῖοι διά τῆς ἀσκήσεως καί τῆς ἀρετῆς των κατέστησαν ἤδη εἰς τήν ζωήν αὐτήν εἰκόνες τῆς Βασιλείας τοῦ Θεοῦ, ἀποδεικνύοντες καί βεβαιοῦντες τοιουτοτρόπως ὅτι ἡ προσδοκία ἑνός κόσμου εἰρήνης, δικαιοσύνης καί ἀγάπης δέν εἶναι οὐτοπία, ἀλλά «ἐλπιζομένων ὑπόστασις» (Ἑβρ. ια', 1), δυνατή μέ τήν χάριν τοῦ Θεοῦ καί τόν πνευματικόν ἀγῶνα τοῦ ἀνθρώπου.

Ἐμπνεομένη διαρκῶς ἀπό τήν προσδοκίαν καί τήν πρόγευσιν αὐτήν τῆς Βασιλείας τοῦ Θεοῦ, ἡ Ἐκκλησία δέν ἀδιαφορεῖ διά τά προβλήματα τοῦ ἀνθρώπου τῆς ἑκάστοτε ἐποχῆς, ἀλλά, ἀντιθέτως, συμμετέχει εἰς τήν ἀγωνίαν καί τά ὑπαρξιακά προβλήματά του, αἴρουσα, ὅπως ὁ Κύριός της, τήν ὀδύνην καί τάς πληγάς, τάς ὁποίας προκαλεῖ τό κακόν εἰς τόν κόσμον καί ἐπιχέουσα, ὡς ὁ καλός Σαμαρείτης, ἔλαιον καί οἶνον εἰς τά τραύματα αὐτοῦ (Λουκ. ι', 34) διά τοῦ λόγου «τῆς ὑπομονῆς καί παρακλήσεως» (Ρωμ. ιε', 4, Ἑβρ. ιγ', 22) καί διά τῆς ἐμπράκτου ἀγάπης. Ὁ λόγος της πρός τόν κόσμον ἀποβλέπει πρωτίστως ὄχι εἰς τό νά κρίνῃ καί καταδικάσῃ τόν κόσμον (πρβλ. Ἰωάν. γ', 17 καί ιβ', 47), ἀλλά εἰς τό νά προσφέρῃ εἰς αὐτόν ὡς ὁδηγόν τό Εὐαγγέλιον τῆς Βασιλείας τοῦ Θεοῦ, τήν ἐλπίδα καί βεβαιότητα ὅτι τό κακόν, ὑπό οἰανδήποτε μορφήν, δέν ἔχει τόν τελευταῖον λόγον εἰς τήν ἱστορίαν καί δέν πρέπει νά ἀφεθῇ νά κατευθύνῃ τήν πορείαν της.

Ἡ μεταφορά τοῦ μηνύματος τοῦ Εὐαγγελίου συμφώνως πρός τήν τελευταίαν ἐντολήν τοῦ Χριστοῦ «Πορευθέντες μαθητεύσατε πάντα τά ἔθνη, βαπτίζοντες αὐτούς εἰς τό ὄνομα τοῦ Πατρός καί τοῦ Υἱοῦ καί τοῦ Ἁγίου Πνεύματος, διδάσκοντες αὐτούς τηρεῖν πάντα ὅσα ἐνετειλάμην ὑμῖν» (Ματθ. κη', 19), ἀποτελεῖ διαχρονικήν ἀποστολήν τῆς Ἐκκλησίας. Ἡ ἀποστολή αὕτη πρέπει νά ἐκπληροῦται ὄχι ἐπιθετικῶς ἤ διά διαφόρων μορφῶν προσηλυτισμοῦ, ἀλλά ἐν ἀγάπῃ, ταπεινοφροσύνῃ καί σεβασμῷ πρός τήν ταυτότητα ἑκάστου ἀνθρώπου καί τήν πολιτιστικήν ἰδιαιτερότητα ἑκάστου λαοῦ. Εἰς τήν ἱεραποστολικήν αὐτήν προσπάθειαν ὀφείλουν νά συμβάλλουν πᾶσαι αἱ Ὀρθόδοξοι Ἐκκλησίαι.

Ἀντλοῦσα ἀπό τάς ἀρχάς αὐτάς καί ἀπό τήν ὅλην ἐμπειρίαν καί διδασκαλίαν τῆς πατερικῆς, λειτουργικῆς καί ἀσκητικῆς της παραδόσεως, ἡ Ὀρθόδοξος Ἐκκλησία συμμετέχει εἰς τόν προβληματισμόν καί τήν ἀγωνίαν τοῦ συγχρόνου ἀνθρώπου ὡς πρός θεμελιώδη ὑπαρξιακά ζητήματα, τά ὁποῖα ἀπασχολοῦν τόν σύγχρονον κόσμον, ἐπιθυμοῦσα νά συμβάλῃ εἰς τήν ἀντιμετώπισίν των, ὥστε νά ἐπικρατήσῃ εἰς τόν κόσμον ἡ εἰρήνη τοῦ Θεοῦ, «ἡ πάντα νοῦν ὑπερέχουσα» (Φιλ. δ', 7), ἡ καταλλαγή καί ἡ ἀγάπη.

### Α. Ἡ ἀξία τοῦ ἀνθρωπίνου προσώπου

1. Ἡ ἀξία τοῦ ἀνθρωπίνου προσώπου, ἀπορρέουσα ἐκ τῆς δημιουργίας τοῦ ἀνθρώπου κατ' εἰκόνα Θεοῦ καί καθ' ὁμοίωσιν καί ἐκ τῆς ἀποστολῆς αὐτοῦ εἰς τό σχέδιον τοῦ Θεοῦ διά τόν ἄνθρωπον καί τόν κόσμον, ὑπῆρξε πηγή ἐμπνεύσεως διά τούς Πατέρας τῆς Ἐκκλησίας, οἱ ὁποῖοι ἐνεβάθυναν εἰς τό μυστήριον τῆς θείας Οἰκονομίας. Ὁ ἅγιος Γρηγόριος ὁ Θεολόγος τονίζει χαρακτηριστικῶς διά τόν ἄνθρωπον ὅτι ὁ Δημιουργός «οἷόν τινα κόσμον ἕτερον, ἐν μικρῷ μέγαν, ἐπί τῆς γῆς ἵστησιν, ἄγγελον ἄλλον, προσκυνητήν μικτόν, ἐπόπτην τῆς ὁρατῆς κτίσεως, μύστην τῆς νοουμένης, βασιλέα τῶν ἐπί γῆς, ... ζῶον ἐνταῦθα οἰκονομούμενον, καί ἀλλαχοῦ μεθιστάμενον, καί πέρας τοῦ μυστηρίου, τῇ

πρὸς Θεὸν νεύσει θεούμενον» (Λόγος ΜΕ΄, Εἰς τὸ Ἅγιον Πάσχα, 7. PG 36, 632ΑΒ). Ὁ σκοπὸς τῆς ἐνανθρωπήσεως τοῦ Λόγου Θεοῦ εἶναι ἡ θέωσις τοῦ ἀνθρώπου. Ὁ Χριστός, ἀνακαινίσας ἐν Ἑαυτῷ τὸν παλαιὸν Ἀδὰμ (πρβλ. Ἐφ. β΄, 15), «συναπεθέου γε τὸν ἄνθρωπον, ἀπαρχὴν τῆς ἡμῶν ἐλπίδος» (Εὐσεβίου, Εὐαγγελικὴ Ἀπόδειξις, 4, 14. PG 22, 289Α). Τοῦτο διότι, ὅπως εἰς τὸν παλαιὸν Ἀδὰμ ἐνυπῆρχεν ἤδη ὁλόκληρον τὸ ἀνθρώπινον γένος, οὕτω καὶ εἰς τὸν νέον Ἀδὰμ συνεκεφαλαιώθη ὁλόκληρον ἐπίσης τὸ ἀνθρώπινον γένος. «Ἄνθρωπος γέγονεν ὁ Μονογενής, ...ἀνακεφαλαιώσασθαι πάλιν καὶ εἰς τὸ ἀρχαῖον ἀναλαβεῖν τὸ διολισθῆσαν γένος, τουτέστι, τὸ ἀνθρώπινον» (Κυρίλλου Ἀλεξανδρείας, Ἑρμηνεία ἢ ὑπόμνημα εἰς τὸ κατὰ Ἰωάννην Εὐαγγέλιον, Θ΄. PG 74, 273D-275A). Ἡ διδασκαλία αὐτὴ τῆς Ἐκκλησίας εἶναι ἀνεξάντλητος πηγὴ πάσης χριστιανικῆς προσπαθείας διὰ τὴν περιφρούρησιν τῆς ἀξίας καὶ τοῦ μεγαλείου τοῦ ἀνθρώπου.

2. Ἐπ' αὐτῆς τῆς βάσεως εἶναι ἀπαραίτητον νὰ ἀναπτυχθῇ πρὸς ὅλας τὰς κατευθύνσεις ἡ διαχριστιανικὴ συνεργασία διὰ τὴν προστασίαν τῆς ἀξίας τοῦ ἀνθρώπου, αὐτονοήτως δὲ καὶ τοῦ ἀγαθοῦ τῆς εἰρήνης, οὕτως ὥστε αἱ εἰρηνευτικαὶ προσπάθειαι ὅλων ἀνεξαιρέτως τῶν Χριστιανῶν νὰ ἀποκτοῦν μεγαλύτερον βάρος καὶ δύναμιν.

3. Ὡς προϋπόθεσις μιᾶς εὐρυτέρας ἐν προκειμένῳ συνεργασίας δύναται νὰ χρησιμεύσῃ ἡ κοινὴ ἀποδοχὴ τῆς ὑψίστης ἀξίας τοῦ ἀνθρωπίνου προσώπου. Αἱ κατὰ τόπους Ὀρθόδοξοι Ἐκκλησίαι εἶναι δυνατὸν νὰ συμβάλουν εἰς τὴν διαθρησκειακὴν συνεννόησιν καὶ συνεργασίαν διὰ τὴν εἰρηνικὴν συνύπαρξιν καὶ κοινωνικὴν συμβίωσιν τῶν λαῶν, χωρὶς τοῦτο νὰ συνεπάγεται οἱονδήποτε θρησκευτικὸν συγκρητισμόν.

4. Ἔχομεν τὴν πεποίθησιν ὅτι ὡς «Θεοῦ συνεργοὶ» (Α΄ Κορ. γ΄, 9), δυνάμεθα νὰ προχωρήσωμεν εἰς τὴν διακονίαν ταύτην ἀπὸ κοινοῦ μεθ' ὅλων τῶν ἀνθρώπων καλῆς θελήσεως, τῶν ἀγαπώντων τὴν κατὰ Θεὸν εἰρήνην, ἐπ' ἀγαθῷ τῆς ἀνθρωπίνης κοινωνίας ἐπὶ τοπικοῦ, ἐθνικοῦ καὶ διεθνοῦς ἐπιπέδου. Ἡ διακονία αὐτὴ εἶναι ἐντολὴ Θεοῦ (Ματθ. ε΄, 9).

### Β. Περὶ ἐλευθερίας καὶ εὐθύνης

1. Ἡ ἐλευθερία εἶναι ἓν ἐκ τῶν ὑψίστων δώρων τοῦ Θεοῦ πρὸς τὸν ἄνθρωπον. «Ὁ πλάσας ἀπ' ἀρχῆς τὸν ἄνθρωπον ἐλεύθερον ἀφῆκε καὶ αὐτεξούσιον, νόμῳ τῷ τῆς ἐντολῆς μόνον κρατούμενον» (Γρηγορίου Θεολόγου, Λόγος ΙΔ΄, Περὶ φιλοπτωχίας, 25. PG 35, 892A). Ἡ ἐλευθερία καθιστᾷ μὲν τὸν ἄνθρωπον ἱκανὸν νὰ προοδεύῃ πρὸς τὴν πνευματικὴν τελειότητα, ἀλλά, συγχρόνως, ἐμπερικλείει τὸν κίνδυνον τῆς παρακοῆς, τῆς ἀπὸ τοῦ Θεοῦ αὐτονομήσεως καί, δι' αὐτῆς, τῆς πτώσεως, ἐξ οὗ καὶ αἱ τραγικαὶ συνέπειαι τοῦ κακοῦ ἐν τῷ κόσμῳ.

2. Συνέπεια τοῦ κακοῦ τούτου εἶναι αἱ ἐπικρατοῦσαι σήμερον ἐν τῇ ζωῇ ἀτέλειαι καὶ ἐλλείψεις, ὡς ἡ ἐκκοσμίκευσις, ἡ βία, ἡ ἔκλυσις τῶν ἠθῶν, τά παρατηρούμενα νοσηρά φαινόμενα τῆς λήψης ἐξαρτησιογόνων οὐσιῶν καὶ τῆς ὑποταγῆς εἰς ἄλλους ἐθισμούς, ἰδία δὲ εἰς μερίδα τῆς συγχρόνου νεότητος, ὁ φυλετισμός, οἱ ἐξοπλισμοί, οἱ πόλεμοι καὶ τά τούτων ἀπότοκα κοινωνικά κακά, ἡ καταπίεσις κοινωνικῶν ὁμάδων, θρησκευτικῶν κοινοτήτων καὶ λαῶν ὁλοκλήρων, ἡ κοινωνική ἀνισότης, ὁ περιορισμός τῶν ἀνθρωπίνων δικαιωμάτων εἰς τὸν χῶρον τῆς ἐλευθερίας τῶν συνειδήσεων καὶ τῆς θρησκευτικῆς εἰδικώτερον ἐλευθερίας, ἡ παραπληροφόρησις καὶ ἡ χειραγώγησις τῆς κοινῆς γνώμης, ἡ οἰκονομική ἀθλιότης, ἡ ἄνισος κατανομή ἢ καὶ ἡ παντελής στέρησις τῶν ἀπολύτως ἀναγκαίων πρὸς τὸ ζῆν ἀγαθῶν, ἡ πεῖνα τῶν ὑποσιτιζομένων ἑκατομμυρίων ἀνθρώπων, αἱ βίαιαι μετακινήσεις πληθυσμῶν καὶ ἡ ἀθέμιτος διακίνησις ἀνθρώπων, τὸ προσφυγικόν χάος, ἡ καταστροφή τοῦ περιβάλλοντος, ἡ ἀνεξέλεγκτος χρῆσις τῆς γενετικῆς βιοτεχνολογίας καὶ βιοϊατρικῆς ἀναφορικῶς πρὸς τὴν ἀρχήν, τὴν διάρκειαν καὶ τὸ τέλος τῆς ζωῆς τοῦ ἀνθρώπου. Πάντα ταῦτα ὑφαίνουν τὸ ἀπέραντον ἄγχος τῆς ἀγωνιώδους συγχρόνου ἀνθρωπότητος.

3. Ἔναντι τῆς καταστάσεως αὐτῆς, ἡ ὁποία ὡδήγησεν εἰς τὴν ἀποδυνάμωσιν τῆς θεωρήσεως τοῦ ἀνθρωπίνου προσώπου, καθῆκον τῆς Ὀρθοδόξου Ἐκκλησίας εἶναι, ὅπως προβάλῃ σήμερον, διὰ τοῦ κηρύγματος, τῆς θεολογίας, τῆς λατρείας καὶ τοῦ ποιμαντικοῦ ἔργου της, τὴν ἀλήθειαν τῆς ἐν Χριστῷ ἐλευθερίας. «Πάντα μοι ἔξεστιν, ἀλλ' οὐ πάντα συμφέρει· πάντα μοι ἔξεστιν, ἀλλ' οὐ πάντα οἰκοδομεῖ. Μηδεὶς τὸ ἑαυτοῦ ζητείτω, ἀλλὰ τὸ τοῦ ἑτέρου ἕκαστος... Ἵνα τί γὰρ ἡ ἐλευθερία μου κρίνεται ὑπὸ ἄλλης συνειδήσεως;» (Α' Κορ. ι', 23-24 καὶ ι', 29). Ἐλευθερία ἄνευ εὐθύνης καὶ ἀγάπης ὁδηγεῖ τελικῶς εἰς τὴν ἀπώλειαν τῆς ἐλευθερίας.

### Γ. Περὶ εἰρήνης καὶ δικαιοσύνης

1. Ἡ Ὀρθόδοξος Ἐκκλησία ἀναγνωρίζει καὶ ἀναδεικνύει διαχρονικῶς τὴν κεντρικὴν θέσιν τῆς εἰρήνης καὶ τῆς δικαιοσύνης εἰς τὴν ζωὴν τῶν ἀνθρώπων. Αὐτή αὕτη ἡ ἐν Χριστῷ ἀποκάλυψις χαρακτηρίζεται «εὐαγγέλιον τῆς εἰρήνης» (Ἐφ. ς', 15), διότι ὁ Χριστός, «εἰρηνοποιήσας διὰ τοῦ αἵματος τοῦ σταυροῦ αὐτοῦ» τὰ πάντα (Κολ. α', 20), «εὐηγγελίσατο εἰρήνην τοῖς μακρὰν καὶ τοῖς ἐγγύς» (Ἐφ. β', 17) καὶ κατέστη «ἡ εἰρήνη ἡμῶν» (Ἐφ. β', 14). Ἡ εἰρήνη αὕτη, ἡ «ὑπερέχουσα πάντα νοῦν» (Φιλ. δ', 7) εἶναι, ὡς εἶπεν ὁ ἴδιος ὁ Κύριος εἰς τοὺς μαθητὰς Του πρὸ τοῦ Πάθους, εὐρυτέρα καὶ οὐσιαστικωτέρα τῆς εἰρήνης, τὴν ὁποίαν ἐπαγγέλλεται ὁ κόσμος: «Εἰρήνην ἀφίημι ὑμῖν, εἰρήνην τὴν ἐμήν δίδωμι ὑμῖν· οὐ καθὼς ὁ κόσμος δίδωσιν, ἐγὼ δίδωμι ὑμῖν» (Ἰωάν. ιδ', 27). Καὶ τοῦτο, διότι ἡ εἰρήνη τοῦ Χριστοῦ εἶναι ὁ ὥριμος καρπός τῆς ἐν Αὐτῷ ἀνακεφαλαιώσεως τῶν

πάντων, τῆς ἀναδείξεως τῆς ἀξίας καί τοῦ μεγαλείου τοῦ ἀνθρωπίνου προσώπου ὡς εἰκόνος Θεοῦ· τῆς προβολῆς τῆς ἐν Αὐτῷ ὀργανικῆς ἑνότητος τοῦ ἀνθρωπίνου γένους καί τοῦ κόσμου· τῆς καθολικότητος τῶν ἀρχῶν τῆς εἰρήνης, τῆς ἐλευθερίας καί τῆς κοινωνικῆς δικαιοσύνης καί, τέλος, τῆς καρποφορίας τῆς χριστιανικῆς ἀγάπης μεταξύ τῶν ἀνθρώπων καί τῶν λαῶν τοῦ κόσμου. Ἡ πραγματική εἰρήνη εἶναι ὁ καρπός τῆς ἐπί τῆς γῆς ἐπικρατήσεως ὅλων αὐτῶν τῶν χριστιανικῶν ἀρχῶν. Εἶναι ἡ ἄνωθεν εἰρήνη, περί τῆς ὁποίας πάντοτε εὔχεται ἡ Ὀρθόδοξος Ἐκκλησία εἰς τάς καθημερινάς της δεήσεις, ἐξαιτουμένη ταύτην παρά τοῦ Θεοῦ, τοῦ τά πάντα δυναμένου καί εἰσακούοντος τάς προσευχάς τῶν μετά πίστεως Αὐτῷ προσερχομένων.

2. Ἐκ τῶν ἀνωτέρω καθίσταται δῆλον διατί ἡ Ἐκκλησία, ὡς «Σῶμα Χριστοῦ» (Α´ Κορ. ιβ´, 27), δέεται πάντοτε ὑπέρ εἰρήνης τοῦ σύμπαντος κόσμου, ἡ ὁποία εἰρήνη, κατά τόν Κλήμεντα Ἀλεξανδρέα, εἶναι συνώνυμον τῆς δικαιοσύνης (Στρωματεῖς, 4, 25. PG 8, 1369B-72A). Ὁ δέ Μέγας Βασίλειος προσθέτει: «οὐ δύναμαι πεῖσαι ἐμαυτόν, ὅτι ἄνευ τῆς εἰς ἀλλήλους ἀγάπης καί ἄνευ τοῦ, τό εἰς ἐμέ ἧκον, εἰρηνεύειν πρός πάντας δύναμαι ἄξιος κληθῆναι δοῦλος Ἰησοῦ Χριστοῦ» (Ἐπιστολή 203, 1. PG 32, 737B). Τοῦτο εἶναι, ὡς σημειώνει ὁ αὐτός Πατήρ, τόσον αὐτονόητον διά τόν Χριστιανόν, ὥστε «οὐδέν οὕτως ἴδιόν ἐστι Χριστιανοῦ ὡς τό εἰρηνοποιεῖν» (Ἐπιστολή 114. PG 32, 528B). Ἡ εἰρήνη τοῦ Χριστοῦ εἶναι ἡ μυστική δύναμις, ἡ ὁποία πηγάζει ἀπό τήν καταλλαγήν τοῦ ἀνθρώπου πρός τόν οὐράνιον Πατέρα Του, «κατά πρόνοιαν Ἰησοῦ, τοῦ τά πάντα ἐν πᾶσιν ἐνεργοῦντος, καί ποιοῦντος εἰρήνην ἄρρητον καί ἐξ αἰῶνος προωρισμένην καί ἀποκαταλλάσσοντος ἡμᾶς ἑαυτῷ καί ἐν ἑαυτῷ τῷ Πατρί» (Διονυσίου Ἀρεοπαγίτου, Περί θείων ὀνομάτων, 11, 5. PG 3, 953ΑΒ).

3. Ὀφείλομεν συγχρόνως νά ὑπογραμμίσωμεν ὅτι τά δῶρα τῆς εἰρήνης καί τῆς δικαιοσύνης ἐξαρτῶνται καί ἐκ τῆς ἀνθρωπίνης συνεργίας. Τό Ἅγιον Πνεῦμα χορηγεῖ πνευματικά δῶρα, ὅταν ἐν μετανοίᾳ ἐπιζητῶμεν τήν εἰρήνην καί τήν δικαιοσύνην τοῦ Θεοῦ. Τά δῶρα ταῦτα τῆς εἰρήνης καί δικαιοσύνης ἐμφανίζονται ἐκεῖ ἔνθα οἱ Χριστιανοί καταβάλλουν προσπαθείας εἰς τό ἔργον τῆς πίστεως, τῆς ἀγάπης καί τῆς ἐλπίδος ἐν Χριστῷ Ἰησοῦ τῷ Κυρίῳ ἡμῶν (Α´ Θεσ. α´, 3).

4. Ἡ ἁμαρτία εἶναι πνευματική ἀσθένεια, τῆς ὁποίας τά ἐξωτερικά συμπτώματα εἶναι αἱ ταραχαί, αἱ ἔριδες, τά ἐγκλήματα καί οἱ πόλεμοι, μετά τῶν τραγικῶν αὐτῶν συνεπειῶν. Ἡ Ἐκκλησία ἐπιδιώκει νά ἐξαλείψῃ οὐ μόνον τά ἐξωτερικά συμπτώματα αὐτῆς τῆς ἀσθενείας, ἀλλά καί αὐτήν ταύτην τήν ἀσθένειαν, τήν ἁμαρτίαν.

5. Συγχρόνως, ἡ Ὀρθόδοξος Ἐκκλησία θεωρεῖ καθῆκον αὐτῆς νά ἐπικροτῇ πᾶν ὅ,τι ἐξυπηρετεῖ πράγματι τήν εἰρήνην (Ρωμ. ιδ´, 19) καί ἀνοίγει τήν ὁδόν πρός τήν δικαιοσύνην, τήν ἀδελφοσύνην, τήν ἀληθῆ ἐλευθερίαν καί τήν

ἀμοιβαίαν ἀγάπην μεταξὺ ὅλων τῶν τέκνων τοῦ ἑνὸς οὐρανίου Πατρός, ὡς καὶ μεταξὺ ὅλων τῶν λαῶν τῶν ἀποτελούντων τὴν ἑνιαίαν ἀνθρωπίνην οἰκογένειαν. Συμπάσχει δὲ μεθ' ὅλων τῶν ἀνθρώπων, οἱ ὁποῖοι εἰς διάφορα μέρη τοῦ κόσμου στεροῦνται τῶν ἀγαθῶν τῆς εἰρήνης καὶ τῆς δικαιοσύνης.

### Δ. Ἡ εἰρήνη καὶ ἡ ἀποτροπὴ τοῦ πολέμου

1. Ἡ Ἐκκλησία τοῦ Χριστοῦ καταδικάζει γενικῶς τὸν πόλεμον, τὸν ὁποῖον θεωρεῖ ἀπόρροιαν τοῦ ἐν τῷ κόσμῳ κακοῦ καὶ τῆς ἁμαρτίας. «Πόθεν πόλεμοι καὶ μάχαι ἐν ὑμῖν; Οὐκ ἐντεῦθεν, ἐκ τῶν ἡδονῶν ὑμῶν τῶν στρατευομένων ἐν τοῖς μέλεσιν ὑμῶν;» (Ἰακ. δ', 1). Ἕκαστος πόλεμος ἀποτελεῖ ἀπειλὴν καταστροφῆς τῆς δημιουργίας καὶ τῆς ζωῆς.

Ὅλως ἰδιαιτέρως, εἰς περιπτώσεις πολέμων δι' ὅπλων μαζικῆς καταστροφῆς, αἱ συνέπειαι θὰ εἶναι τρομακτικαί, ὄχι μόνον διότι θὰ ἐπέλθῃ ὁ θάνατος εἰς ἀπρόβλεπτον ἀριθμὸν ἀνθρώπων, ἀλλὰ καὶ διότι δι' ὅσους θὰ ἐπιζήσουν ὁ βίος θὰ καταστῇ ἀβίωτος. Θὰ ἐμφανισθοῦν ἀνίατοι ἀσθένειαι, θὰ προκληθοῦν γενετικαὶ ἀλλαγαὶ καὶ ἄλλα δεινά, τὰ ὁποῖα θὰ ἐπηρεάζουν καταστρεπτικῶς καὶ τὰς ἑπομένας γενεάς.

Λίαν ἐπικίνδυνος δὲν εἶναι μόνον ὁ πυρηνικὸς ἐξοπλισμός, ἀλλὰ καὶ οἱ χημικοί, οἱ βιολογικοὶ καὶ πάσης μορφῆς ἐξοπλισμοί, οἱ ὁποῖοι δημιουργοῦν τὴν ψευδαίσθησιν τῆς ὑπεροχῆς καὶ κυριαρχίας ἐπὶ τοῦ περιβάλλοντος κόσμου. Τοιοῦτοι ἐξοπλισμοὶ καλλιεργοῦν ἀτμόσφαιραν φόβου καὶ ἐλλείψεως ἐμπιστοσύνης καὶ καθίστανται αἰτία ἑνὸς νέου ἀνταγωνισμοῦ ἐξοπλισμῶν.

2. Ἡ Ἐκκλησία τοῦ Χριστοῦ, θεωροῦσα κατ' ἀρχὴν τὸν πόλεμον ἀπόρροιαν τοῦ ἐν τῷ κόσμῳ κακοῦ καὶ τῆς ἁμαρτίας, ἐνθαρρύνει πᾶσαν πρωτοβουλίαν καὶ προσπάθειαν πρὸς πρόληψιν ἢ ἀποτροπὴν αὐτοῦ διὰ τοῦ διαλόγου καὶ διὰ παντὸς ἄλλου προσφόρου μέσου. Εἰς περίπτωσιν κατὰ τὴν ὁποίαν ὁ πόλεμος καταστῇ ἀναπόφευκτος, ἡ Ἐκκλησία συνεχίζει προσευχομένη καὶ μεριμνῶσα ποιμαντικῶς διὰ τὰ τέκνα αὐτῆς, τὰ ὁποῖα ἐμπλέκονται εἰς τὰς πολεμικὰς συγκρούσεις διὰ τὴν ὑπεράσπισιν τῆς ζωῆς καὶ τῆς ἐλευθερίας αὐτῶν, καταβάλλουσα πᾶσαν προσπάθειαν διὰ τὴν ταχυτέραν ἀποκατάστασιν τῆς εἰρήνης καὶ τῆς ἐλευθερίας.

3. Ἡ Ὀρθόδοξος Ἐκκλησία καταδικάζει ἐντόνως τὰς ποικιλομόρφους συγκρούσεις καὶ τοὺς πολέμους, τοὺς ὀφειλομένους εἰς φανατισμόν, προερχόμενον ἐκ θρησκευτικῶν ἀρχῶν. Βαθεῖαν ἀνησυχίαν προκαλεῖ ἡ μόνιμος τάσις αὐξήσεως τῶν καταπιέσεων καὶ διώξεων τῶν χριστιανῶν καὶ ἄλλων κοινοτήτων, ἐξ αἰτίας τῆς πίστεως αὐτῶν, εἰς τὴν Μέσην Ἀνατολὴν καὶ ἀλλαχοῦ, καθὼς καὶ αἱ ἀπόπειραι ἐκριζώσεως τοῦ Χριστιανισμοῦ ἐκ τῶν παραδοσιακῶν κοιτίδων αὐτοῦ. Τοιουτοτρόπως, ἀπειλοῦνται αἱ ὑφιστάμεναι διαθρησκειακαὶ καὶ διεθνεῖς σχέσεις, ἐνῷ πολλοὶ χριστιανοὶ ἀναγκάζονται νὰ ἐγκαταλείψουν

τάς ἑστίας αὐτῶν. Οἱ ἀνά τόν κόσμον Ὀρθόδοξοι συμπάσχουν μετά τῶν ἀδελφῶν αὐτῶν χριστιανῶν καί ὅλων τῶν ἄλλων διωκομένων ἐν τῇ περιοχῇ καί καλοῦν εἰς ἐξεύρεσιν δικαίας καί μονίμου λύσεως τῶν προβλημάτων τῆς περιοχῆς.

Καταδικάζονται ἐπίσης πόλεμοι, ἐμπνεόμενοι ὑπό ἐθνικισμοῦ, προκαλοῦντες ἐθνοκαθάρσεις, μεταβολάς κρατικῶν ὁρίων καί κατάληψιν ἐδαφῶν.

### Ε. Ἡ Ὀρθόδοξος Ἐκκλησία ἔναντι τῶν διακρίσεων

1. Ὁ Κύριος, ὡς Βασιλεύς τῆς δικαιοσύνης (Ἑβρ. ζ΄, 2-3), ἀποδοκιμάζει τήν βίαν καί τήν ἀδικίαν (Ψαλμ. ι΄, 5) καί καταδικάζει τήν ἀπάνθρωπον στάσιν πρός τόν πλησίον (Μάρκ. κε΄, 41-46. Ἰακ. β΄, 15-16). Εἰς τήν Βασιλείαν Αὐτοῦ, ἡ ὁποία εἰκονίζεται καί εἶναι παροῦσα ἐν τῇ Ἐκκλησίᾳ Του ἤδη ἐδῶ εἰς τήν γῆν, δέν ὑπάρχει τόπος οὔτε διά τό μίσος, οὔτε δι' ἔχθραν καί μισαλλοδοξίαν (Ἡσ. ια΄, 6. Ρωμ. ιβ΄, 10).

2. Ἡ θέσις τῆς Ὀρθοδόξου Ἐκκλησίας εἶναι ἐν προκειμένῳ σαφής. Ἡ Ἐκκλησία πιστεύει ὅτι ὁ Θεός «ἐποίησεν ἐξ ἑνός αἵματος πᾶν ἔθνος ἀνθρώπων κατοικεῖν ἐπί πᾶν τό πρόσωπον τῆς γῆς» (Πράξ. ιζ΄, 26) καί ὅτι ἐν Χριστῷ «οὐκ ἔνι Ἰουδαῖος οὐδέ Ἕλλην, οὐκ ἔνι δοῦλος οὐδέ ἐλεύθερος, οὐκ ἔνι ἄρσεν καί θῆλυ· πάντες γάρ εἷς ἐστε ἐν Χριστῷ Ἰησοῦ» (Γαλ. γ΄, 28). Εἰς τό ἐρώτημα «καί τίς ἐστί μου πλησίον;» ὁ Χριστός ἀπήντησε διά τῆς παραβολῆς τοῦ καλοῦ Σαμαρείτου (Λουκ. ι΄, 25-37). Καί οὕτως ἐδίδαξε τήν κατάλυσιν παντός μεσοτοίχου ἔχθρας καί προκαταλήψεως. Ἡ Ὀρθόδοξος Ἐκκλησία ὁμολογεῖ ὅτι ἕκαστος ἄνθρωπος, ἀνεξαρτήτως χρώματος, θρησκείας, φυλῆς, φύλου, ἐθνικότητος, γλώσσης, ἔχει δημιουργηθῆ κατ' εἰκόνα καί καθ' ὁμοίωσιν Θεοῦ καί ἀπολαμβάνει ἴσα δικαιώματα ἐν τῇ κοινωνίᾳ. Συνεπής πρός τήν πίστιν αὐτήν, ἡ Ὀρθόδοξος Ἐκκλησία δέν δέχεται τάς διακρίσεις δι' ἕκαστον ἐκ τῶν προαναφερθέντων λόγων, ἐφ' ὅσον αὗται προϋποθέτουν ἀξιολογικήν διαφοράν μεταξύ τῶν ἀνθρώπων.

3. Ἡ Ἐκκλησία, ἐν τῷ πνεύματι τοῦ σεβασμοῦ τῶν ἀνθρωπίνων δικαιωμάτων καί τῆς ἴσης μεταχειρίσεως τῶν ἀνθρώπων, ἀξιολογεῖ τήν ἐφαρμογήν τῶν ἀρχῶν αὐτῶν ὑπό τό φῶς τῆς διδασκαλίας της περί τῶν μυστηρίων, τῆς οἰκογενείας, τῆς θέσεως τῶν δύο φύλων ἐν τῇ Ἐκκλησίᾳ καί τῶν ἐν γένει ἀξιῶν τῆς ἐκκλησιαστικῆς παραδόσεως. Ἡ Ἐκκλησία ἔχει δικαίωμα ἵνα διακηρύττῃ τήν μαρτυρίαν τῆς διδασκαλίας της εἰς τόν δημόσιον χῶρον.

### ΣΤ. Ἡ ἀποστολή τῆς Ὀρθοδόξου Ἐκκλησίας ὡς μαρτυρία ἀγάπης ἐν διακονίᾳ.

1. Ἡ Ὀρθόδοξος Ἐκκλησία, ἐπιτελοῦσα τήν σωτήριον αὐτῆς ἀποστολήν ἐν τῷ κόσμῳ, μεριμνᾷ ἐμπράκτως διά πάντας τούς ἀνθρώπους χρήζοντας βοηθείας, τούς πεινῶντας, τούς ἀπόρους, τούς ἀσθενεῖς, τούς ἀναπήρους, τούς ὑπερήλικας, τούς διωκομένους, τούς αἰχμαλώτους, τούς φυλακισμένους, τούς ἀστέγους, τά ὀρφανά, τά θύματα τῶν καταστροφῶν καί τῶν πολεμικῶν συγκρούσεων, τῆς ἐμπορίας ἀνθρώπων καί τῶν συγχρόνων μορφῶν δουλείας. Αἱ καταβαλλόμεναι ὑπό τῆς Ὀρθοδόξου Ἐκκλησίας προσπάθειαι διά τήν καταπολέμησιν τῆς ἐνδείας καί τῆς κοινωνικῆς ἀδικίας ἀποτελοῦν ἔκφρασιν τῆς πίστεως αὐτῆς καί διακονίαν Αὐτοῦ τοῦ Κυρίου, ὁ ὁποῖος ἐταύτισεν Ἑαυτόν πρός πάντα ἄνθρωπον, ἰδίως πρός τούς ἐν ἀνάγκαις εὑρισκομένους: «Ἐφ' ὅσον ἐποιήσατε ἑνί τούτων τῶν ἀδελφῶν μου τῶν ἐλαχίστων, ἐμοί ἐποιήσατε» (Ματθ. κε΄, 40). Ἐν τῇ πολυπτύχῳ ταύτῃ κοινωνικῇ διακονίᾳ, ἡ Ἐκκλησία δύναται νά συνεργάζηται μετά τῶν διαφόρων σχετικῶν κοινωνικῶν φορέων.

2. Οἱ ἀνταγωνισμοί καί αἱ ἐχθρότητες ἐν τῷ κόσμῳ εἰσάγουν ἀδικίαν καί ἀνισότητα εἰς τήν συμμετοχήν τῶν ἀνθρώπων καί τῶν λαῶν εἰς τά ἀγαθά τῆς θείας δημιουργίας. Στεροῦν ἀπό ἑκατομμύρια ἀνθρώπων τά βασικά ἀγαθά καί ὁδηγοῦν εἰς ἐξαθλίωσιν τῆς ἀνθρωπίνης ὑπάρξεως, προκαλοῦν μαζικάς μεταναστεύσεις πληθυσμῶν, διεγείρουν ἐθνικάς, θρησκευτικάς καί κοινωνικάς συγκρούσεις, αἱ ὁποῖαι ἀπειλοῦν τήν ἐσωτερικήν συνοχήν τῶν κοινωνιῶν.

3. Ἡ Ἐκκλησία δέν δύναται νά μείνῃ ἀδιάφορος ἔναντι τῶν οἰκονομικῶν καταστάσεων, αἱ ὁποῖαι ἐπηρεάζουν ἀρνητικῶς ὁλόκληρον τήν ἀνθρωπότητα. Ἐπιμένει εἰς τήν ἀνάγκην, οὐχί μόνον ἡ οἰκονομία νά ἐρείδηται ἐπί ἠθικῶν ἀρχῶν, ἀλλά καί ἐμπράκτως νά διακονῆται δι' αὐτῆς ὁ ἄνθρωπος, συμφώνως καί πρός τήν διδασκαλίαν τοῦ Ἀποστόλου Παύλου, «κοπιῶντας δεῖ ἀντιλαμβάνεσθαι τῶν ἀσθενούντων, μνημονεύειν τε τῶν λόγων τοῦ Κυρίου Ἰησοῦ, ὅτι αὐτός εἶπε· μακάριόν ἐστι μᾶλλον διδόναι ἢ λαμβάνειν» (Πράξ. κ΄, 35). Ὁ Μ. Βασίλειος γράφει ὅτι «σκοπός οὖν ἑκάστῳ προκείσθαι ὀφείλει ἐν τῷ ἔργῳ ἡ ὑπηρεσία τῶν δεομένων, οὐχί ἡ ἰδία αὐτοῦ χρεία» (Ὅροι κατά πλάτος ΜΒ΄. PG 31, 1025A).

4. Τό χάσμα μεταξύ πλουσίων καί πτωχῶν διευρύνεται δραματικῶς ἐξ αἰτίας τῆς οἰκονομικῆς κρίσεως, ἡ ὁποία εἶναι συνήθως ἀποτέλεσμα κερδοσκοπίας χωρίς φραγμούς ἐκ μέρους οἰκονομικῶν παραγόντων, συγκεντρώσεως τοῦ πλούτου εἰς χεῖρας ὀλίγων καί στρεβλῆς οἰκονομικῆς δραστηριότητος, ἡ ὁποία, στερουμένη δικαιοσύνης καί ἀνθρωπιστικῆς εὐαισθησίας, δέν ἐξυπηρετεῖ τελικῶς, τάς πραγματικάς ἀνάγκας τῆς

ἀνθρωπότητος. Βιώσιμος οἰκονομία εἶναι ἐκείνη, ἡ ὁποία συνδυάζει τὴν ἀποτελεσματικότητα μετὰ δικαιοσύνης καὶ κοινωνικῆς ἀλληλεγγύης.

5. Ὑπὸ τὰς τραγικὰς ταύτας καταστάσεις, κατανοεῖται ἡ τεραστία εὐθύνη τῆς Ἐκκλησίας διὰ τὴν καταπολέμησιν τῆς πείνης καὶ πάσης ἄλλης μορφῆς ἐνδείας ἐν τῷ κόσμῳ. Ἓν τοιοῦτον φαινόμενον εἰς τὴν ἐποχήν μας, κατὰ τὴν ὁποίαν αἱ χῶραι ζοῦν ὑπὸ καθεστὼς παγκοσμιοποιημένης οἰκονομίας, ὑποδηλοῖ τὴν σοβαρὰν κρίσιν ταυτότητος τοῦ συγχρόνου κόσμου, διότι ἡ πεῖνα οὐχὶ μόνον ἀπειλεῖ τὸ θεῖον δῶρον τῆς ζωῆς ὁλοκλήρων λαῶν, ἀλλὰ καὶ θίγει τὸ μεγαλεῖον καὶ τὴν ἱερότητα τοῦ ἀνθρωπίνου προσώπου, συγχρόνως δὲ προσβάλλει καὶ τὸν ἴδιον τὸν Θεόν. Διὰ τοῦτο, ἂν ἡ μέριμνα διὰ τὴν ἰδικήν μας τροφὴν εἶναι θέμα ὑλικόν, ἡ μέριμνα διὰ τὴν τροφὴν τοῦ συνανθρώπου μας εἶναι θέμα πνευματικόν (Ἰακ. β', 14-18). Ἀποτελεῖ, ἑπομένως, ἀποστολὴν ὅλων τῶν Ὀρθοδόξων Ἐκκλησιῶν νὰ ἐπιδεικνύουν ἀλληλεγγύην καὶ νὰ ὀργανώνουν ἀποτελεσματικῶς τὴν βοήθειάν των πρὸς τοὺς ἐνδεεῖς ἀδελφούς.

6. Ἡ Ἁγία τοῦ Χριστοῦ Ἐκκλησία ἐν τῷ καθολικῷ σώματι αὐτῆς, περικλείουσα εἰς τοὺς κόλπους αὐτῆς πολλοὺς λαοὺς τῆς γῆς, ἀναδεικνύει τὴν ἀρχὴν τῆς πανανθρωπίνου ἀλληλεγγύης καὶ ὑποστηρίζει τὴν στενοτέραν συνεργασίαν λαῶν καὶ κρατῶν πρὸς εἰρηνικὴν ἐπίλυσιν τῶν διαφορῶν.

7. Ἀνησυχίαν προκαλεῖ εἰς τὴν Ἐκκλησίαν ἡ διαρκῶς αὐξανομένη ἐπιβολὴ εἰς τὴν ἀνθρωπότητα ἑνὸς καταναλωτικοῦ τρόπου ζωῆς, ὁ ὁποῖος στερεῖται τῶν χριστιανικῶν ἠθικῶν ἀξιῶν. Ὑπὸ τὴν ἔννοιαν αὐτήν, ὁ καταναλωτισμὸς οὗτος, ἐν συνδυασμῷ μετὰ τῆς ἐκκοσμικευμένης παγκοσμιοποιήσεως, τείνει νὰ ὁδηγήσῃ τοὺς λαοὺς εἰς τὴν ἀπώλειαν τῶν πνευματικῶν καταβολῶν αὐτῶν, εἰς τὴν ἱστορικὴν ἀμνησίαν καὶ εἰς τὴν λήθην τῶν παραδόσεων.

8. Τὰ μέσα γενικῆς ἐνημερώσεως οὐχὶ σπανίως τελοῦν ὑπὸ τὸν ἔλεγχον μιᾶς ἰδεολογίας φιλελευθέρας παγκοσμιοποιήσεως καὶ οὕτω καθίστανται δίαυλοι διαδόσεως τοῦ καταναλωτισμοῦ καὶ τῆς ἀνηθικότητος. Ἰδιαιτέραν ἀνησυχίαν προκαλοῦν περιστατικά, καθ' ἃ ἡ στάσις ἔναντι τῶν θρησκευτικῶν ἀξιῶν χαρακτηρίζεται ἀπὸ ἔλλειψιν σεβασμοῦ, ἐνίοτε δὲ καὶ διὰ βλασφημίαν, προξενοῦντα διχασμοὺς καὶ ἐξεγέρσεις ἐντὸς τῆς κοινωνίας. Ἡ Ἐκκλησία προειδοποιεῖ τὰ τέκνα αὐτῆς διὰ τὸν κίνδυνον τοῦ ἐπηρεασμοῦ τῶν συνειδήσεων διὰ τῶν μέσων ἐνημερώσεως καὶ τῆς χρήσεως αὐτῶν οὐχὶ διὰ τὴν προσέγγισιν τῶν ἀνθρώπων καὶ τῶν λαῶν, ἀλλὰ διὰ τὴν χειραγώγησίν των.

9. Εἰς τὴν πορείαν, ἣν διανύει ἡ Ἐκκλησία, κηρύττουσα καὶ ἀσκοῦσα τὴν σωτήριον ἀποστολὴν αὐτῆς διὰ τὴν ἀνθρωπότητα, ὁλοὲν καὶ τακτικώτερον ἔρχεται ἀντιμέτωπος μετὰ τῶν ἐκφάνσεων τῆς ἐκκοσμικεύσεως. Ἡ Ἐκκλησία τοῦ Χριστοῦ καλεῖται νὰ ἐπαναδιατυπώσῃ καὶ φανερώσῃ τὴν προφητικὴν μαρτυρίαν της εἰς τὸν κόσμον, στηριζομένη εἰς τὴν ἐμπειρίαν τῆς πίστεως,

ὑπενθυμίζουσα ἐν ταὐτῷ καὶ τὴν πραγματικὴν ἀποστολὴν αὐτῆς, διὰ τῆς καταγγελίας τῆς Βασιλείας τοῦ Θεοῦ καὶ τῆς καλλιεργείας συνειδήσεως ἑνότητος εἰς τὸ ποίμνιον αὐτῆς. Οὕτω, διανοίγεται εὐρὺ πεδίον δι' αὐτήν, δεδομένου ὅτι ὡς οὐσιαστικὸν στοιχεῖον τῆς ἐκκλησιολογικῆς της διδασκαλίας προβάλλει εἰς τὸν διεσπασμένον κόσμον τὴν εὐχαριστιακὴν κοινωνίαν καὶ ἑνότητα.

10. Ὁ πόθος τῆς συνεχοῦς αὐξήσεως τῆς εὐημερίας καὶ ἡ ἄμετρος καταναλώσις ἀναποφεύκτως ὁδηγοῦν εἰς τὴν δυσανάλογον χρῆσιν καὶ τὴν ἐξάντλησιν τῶν φυσικῶν πόρων. Ἡ δημιουργηθεῖσα ὑπὸ τοῦ Θεοῦ κτίσις, ἡ ὁποία ἐδόθη εἰς τὸν ἄνθρωπον «ἐργάζεσθαι καὶ φυλάσσειν» αὐτήν (πρβλ. Γεν. β', 15), ὑφίσταται τὰς συνεπείας τῆς ἁμαρτίας τοῦ ἀνθρώπου: «Τῇ γὰρ ματαιότητι ἡ κτίσις ὑπετάγη, οὐχ ἑκοῦσα, ἀλλὰ διὰ τὸν ὑποτάξαντα, ἐπ' ἐλπίδι ὅτι καὶ αὐτὴ ἡ κτίσις ἐλευθερωθήσεται ἀπὸ τῆς δουλείας τῆς φθορᾶς εἰς τὴν ἐλευθερίαν τῆς δόξης τῶν τέκνων τοῦ Θεοῦ. Οἴδαμεν γὰρ ὅτι πᾶσα ἡ κτίσις συστενάζει καὶ συνωδίνει ἄχρι τοῦ νῦν» (Ρωμ. η', 20-22).

Ἡ οἰκολογικὴ κρίσις, ἡ ὁποία συνδέεται πρὸς τὰς κλιματολογικὰς ἀλλαγὰς καὶ τὴν ὑπερθέρμανσιν τοῦ πλανήτου, καθιστᾷ ἐπιτακτικὸν τὸ χρέος τῆς Ἐκκλησίας ὅπως συμβάλῃ, διὰ τῶν εἰς τὴν διάθεσιν αὐτῆς πνευματικῶν μέσων, εἰς τὴν προστασίαν τῆς δημιουργίας τοῦ Θεοῦ ἐκ τῶν συνεπειῶν τῆς ἀνθρωπίνης ἀπληστίας. Ἡ ἀπληστία διὰ τὴν ἱκανοποίησιν τῶν ὑλικῶν ἀναγκῶν ὁδηγεῖ εἰς τὴν πνευματικὴν πτώχευσιν τοῦ ἀνθρώπου καὶ εἰς τὴν καταστροφὴν τοῦ περιβάλλοντος. Δὲν πρέπει νὰ λησμονῆται ὅτι ὁ φυσικὸς πλοῦτος τῆς γῆς δὲν εἶναι περιουσία τοῦ ἀνθρώπου, ἀλλὰ τοῦ Δημιουργοῦ: «Τοῦ Κυρίου ἡ γῆ καὶ τὸ πλήρωμα αὐτῆς, ἡ οἰκουμένη καὶ πάντες οἱ κατοικοῦντες ἐν αὐτῇ» (Ψαλμ. κγ',1). Οὕτως, ἡ Ὀρθόδοξος Ἐκκλησία τονίζει τὴν προστασίαν τῆς δημιουργίας τοῦ Θεοῦ διὰ τῆς καλλιεργείας τῆς εὐθύνης τοῦ ἀνθρώπου ἔναντι τοῦ θεοδότου περιβάλλοντος καὶ διὰ τῆς προβολῆς τῶν ἀρετῶν τῆς ὀλιγαρκείας καὶ τῆς ἐγκρατείας. Ὀφείλομεν νὰ ἐνθυμώμεθα ὅτι ὄχι μόνον αἱ σημεριναί, ἀλλὰ καὶ αἱ μελλοντικαὶ γενεαὶ ἔχουν δικαίωμα ἐπὶ τῶν φυσικῶν ἀγαθῶν, τὰ ὁποῖα μᾶς ἐχάρισεν ὁ Δημιουργός.

11. Διὰ τὴν Ὀρθόδοξον Ἐκκλησίαν, ἡ ἱκανότης πρὸς ἐπιστημονικὴν ἔρευναν τοῦ κόσμου ἀποτελεῖ θεόδοτον δῶρον εἰς τὸν ἄνθρωπον. Συγχρόνως ὅμως πρὸς αὐτὴν τὴν κατάφασιν, ἡ Ἐκκλησία ἐπισημαίνει τοὺς κινδύνους, οἱ ὁποῖοι ὑποκρύπτονται εἰς τὴν χρῆσιν ὡρισμένων ἐπιστημονικῶν ἐπιτευγμάτων. Θεωρεῖ ὅτι ὁ ἐπιστήμων εἶναι μὲν ἐλεύθερος νὰ ἐρευνᾷ, ἀλλὰ καὶ ὅτι ὀφείλει νὰ διακόπτῃ τὴν ἔρευνάν του, ὅταν παραβιάζωνται βασικαὶ χριστιανικαὶ καὶ ἀνθρωπιστικαὶ ἀρχαί: «Πάντα μοι ἔξεστιν, ἀλλ' οὐ πάντα συμφέρει» (Α' Κορ. 6, 12) καὶ «Τὸ καλὸν οὐ καλόν, ὅταν μὴ καλῶς γίνηται» (Γρηγορίου Θεολόγου, Λόγος Θεολογικὸς Α', 4. PG 36, 16C). Ἡ θέσις αὕτη τῆς Ἐκκλησίας ἀποδεικνύεται

πολλαπλῶς ἀπαραίτητος διά τήν ὀρθήν ὁριοθέτησιν τῆς ἐλευθερίας καί τήν ἀξιοποίησιν τῶν καρπῶν τῆς ἐπιστήμης, εἰς πάντας σχεδόν τούς τομεῖς τῆς ὁποίας, ἰδίᾳ δέ τῆς βιολογίας, ἀναμένονται νέα ἐπιτεύγματα, ἀλλά καί κίνδυνοι. Ἐν ταὐτῷ, ὑπογραμμίζομεν τήν ἀναμφισβήτητον ἱερότητα τῆς ἀνθρωπίνης ζωῆς ἀπό αὐτῆς ταύτης ἀρχῆς τῆς συλλήψεως.

12. Κατά τά τελευταῖα ἔτη, παρατηρεῖται ἁλματώδης ἀνάπτυξις εἰς τάς βιοεπιστήμας καί εἰς τήν συνδεδεμένην μέ αὐτάς βιοτεχνολογίαν, πολλά ἐπιτεύγματα τῶν ὁποίων θεωροῦνται εὐεργετικά διά τόν ἄνθρωπον, ἄλλα δημιουργοῦν ἠθικά διλήμματα, ἐνῶ ἄλλα κρίνονται ἀπορριπτέα. Ἡ Ὀρθόδοξος Ἐκκλησία πιστεύει ὅτι ὁ ἄνθρωπος δέν εἶναι ἁπλοῦν σύνολον κυττάρων, ἱστῶν καί ὀργάνων, οὔτε καί προσδιορίζεται μόνον ἀπό βιολογικούς παράγοντας. Ὁ ἄνθρωπος ἀποτελεῖ δημιούργημα «κατ' εἰκόνα Θεοῦ» (Γεν. 1, 27) καί θά πρέπει ἡ ἀναφορά εἰς αὐτόν νά γίνηται μέ τόν δέοντα σεβασμόν. Ἡ ἀναγνώρισις τῆς θεμελιώδους αὐτῆς ἀρχῆς ὁδηγεῖ εἰς τό συμπέρασμα ὅτι τόσον κατά τήν ἐπιστημονικήν ἔρευναν, ὅσον καί κατά τήν πρακτικήν ἐφαρμογήν τῶν νέων ἀνακαλύψεων καί ἐφευρέσεων, δέον ὅπως διαφυλάσσηται τό ἀπόλυτον δικαίωμα κάθε ἀνθρώπου νά ἀπολαύῃ σεβασμοῦ καί τιμῆς εἰς πᾶν στάδιον τῆς ζωῆς του, καθώς καί ἡ βούλησις τοῦ Θεοῦ, ὡς αὕτη ἐφανερώθη κατά τήν δημιουργίαν. Ἡ ἔρευνα πρέπει νά λαμβάνῃ ὑπ' ὄψιν της τάς ἠθικάς καί πνευματικάς ἀρχάς καί τά χριστιανικά θέσμια. Ἀπαραίτητος σεβασμός δέον νά ἐπιδεικνύηται καί εἰς ὅλην τήν Δημιουργίαν τοῦ Θεοῦ τόσον κατά τήν χρῆσιν αὐτῆς ὑπό τοῦ ἀνθρώπου, ὅσον καί κατά τήν ἔρευναν, συμφώνως πρός τήν ἐντολήν τοῦ Θεοῦ πρός αὐτόν (Γεν. β', 15).

13. Κατά τούς χρόνους τούτους τῆς ἐκκοσμικεύσεως, ἰδιαιτέρως προβάλλει ἡ ἀνάγκη, ὅπως ἐξαρθῇ ἡ σημασία τῆς ἁγιότητος τοῦ βίου, ἐν ὄψει τῆς πνευματικῆς κρίσεως, ἡ ὁποία χαρακτηρίζει τόν σύγχρονον πολιτισμόν. Ἡ παρανόησις τῆς ἐλευθερίας ὡς ἐλευθεριότητος ὁδηγεῖ εἰς τήν αὔξησιν τῆς ἐγκληματικότητος, τήν καταστροφήν καί τήν βεβήλωσιν τῶν σεβασμάτων, τήν ἐξάλειψιν τοῦ σεβασμοῦ πρός τήν ἐλευθερίαν τοῦ πλησίον καί τήν ἱερότητα τῆς ζωῆς. Ἡ Ὀρθόδοξος Παράδοσις, διαμορφωθεῖσα διά τῆς βιώσεως ἐν τῇ πράξει τῶν χριστιανικῶν ἀληθειῶν, εἶναι φορεύς πνευματικότητος καί ἀσκητικοῦ ἤθους, τό ὁποῖον δέον νά ἐξαρθῇ καί προβληθῇ ὅλως ἰδιαιτέρως κατά τήν ἐποχήν ἡμῶν.

14. Ἡ εἰδική ποιμαντική μέριμνα τῆς Ἐκκλησίας πρός τούς νέους διά τήν ἐν Χριστῷ διαπαιδαγώγησιν τῶν τυγχάνει διαρκής καί ἀμετάπτωτος. Αὐτονόητος τυγχάνει ἡ προέκτασις τῆς ποιμαντικῆς εὐθύνης τῆς Ἐκκλησίας καί εἰς τόν θεόσδοτον θεσμόν τῆς οἰκογενείας, ἥτις ἀείποτε καί ἀπαραιτήτως ἐστηρίχθη εἰς τό ἱερόν μυστήριον τοῦ χριστιανικοῦ γάμου, ὡς ἑνώσεως ἀνδρός καί γυναικός, ἡ ὁποία εἰκονίζει τήν ἕνωσιν τοῦ Χριστοῦ καί τῆς Ἐκκλησίας Του

(Ἐφ. ε', 32). Τοῦτο καθίσταται ἐπίκαιρον, ἐν ὄψει μάλιστα καὶ ἀποπειρῶν νομιμοποιήσεως εἰς χώρας τινὰς καὶ θεολογικῆς θεμελιώσεως εἰς χριστιανικὰς τινὰς κοινότητας, μορφῶν συμβιώσεως, ἀντιτιθεμένων εἰς τὴν χριστιανικὴν παράδοσιν καὶ διδασκαλίαν. Ἡ Ἐκκλησία προσδοκῶσα τὴν ἀνακεφαλαίωσιν τῶν πάντων εἰς τὸ ἓν Σῶμα τοῦ Χριστοῦ, ὑπενθυμίζει εἰς πάντα ἄνθρωπον ἐρχόμενον εἰς τὸν κόσμον, ὅτι ὁ Χριστὸς πάλιν θὰ ἔλθῃ κατὰ τὴν Δευτέραν Παρουσίαν Του «κρῖναι ζῶντας καὶ νεκρούς» (Α' Πέτρ. δ', 5) καὶ ὅτι «τῆς Βασιλείας Αὐτοῦ οὐκ ἔσται τέλος» (Λουκ. α', 33).

15. Εἰς τὴν σύγχρονον ἐποχὴν καὶ ἀείποτε, ἡ προφητικὴ καὶ ποιμαντικὴ φωνὴ τῆς Ἐκκλησίας, ὁ λυτρωτικὸς λόγος τοῦ Σταυροῦ καὶ τῆς Ἀναστάσεως, ἀπευθύνεται εἰς τὴν καρδίαν τοῦ ἀνθρώπου καὶ καλεῖ αὐτόν, μετὰ τοῦ ἀποστόλου Παύλου, ἵνα ἐνστερνισθῇ καὶ βιώσῃ «ὅσα ἐστὶν ἀληθῆ, ὅσα σεμνά, ὅσα δίκαια, ὅσα ἁγνά, ὅσα προσφιλῆ, ὅσα εὔφημα» (Φιλιπ. δ', 8). Ἡ Ἐκκλησία προβάλλει τὴν θυσιαστικὴν ἀγάπην τοῦ Ἐσταυρωμένου Κυρίου της ὡς τὴν μόνην ὁδὸν πρὸς ἕνα κόσμον εἰρήνης, δικαιοσύνης, ἐλευθερίας καὶ ἀλληλεγγύης μεταξὺ τῶν ἀνθρώπων καὶ τῶν λαῶν, τῶν ὁποίων μόνον καὶ ἔσχατον μέτρον εἶναι πάντοτε ὁ ὑπὲρ τῆς τοῦ κόσμου ζωῆς θυσιασθεὶς Κύριος (προβλ. Ἀποκ. ε', 12), ἤτοι ἡ ἄπειρος Ἀγάπη τοῦ ἐν Τριάδι Θεοῦ, τοῦ Πατρὸς καὶ τοῦ Υἱοῦ καὶ τοῦ Ἁγίου Πνεύματος, ᾧ ἡ δόξα καὶ τὸ κράτος εἰς τοὺς αἰῶνας τῶν αἰώνων. Ἀμήν.

† ὁ Κωνσταντινουπόλεως Βαρθολομαῖος, Πρόεδρος

† ὁ Ἀλεξανδρείας Θεόδωρος

† ὁ Ἱεροσολύμων Θεόφιλος

† ὁ Σερβίας Εἰρηναῖος

† ὁ Ρουμανίας Δανιήλ

† ὁ Νέας Ἰουστινιανῆς καὶ πάσης Κύπρου Χρυσόστομος

Ἡ Ἀποστολὴ τῆς Ἐκκλησίας εἰς τὸν σύγχρονον κόσμον

† ὁ Ἀθηνῶν καὶ πάσης Ἑλλάδος Ἱερώνυμος

† ὁ Βαρσοβίας καὶ πάσης Πολωνίας Σάββας

† ὁ Τιράνων καὶ πάσης Ἀλβανίας Ἀναστάσιος

† ὁ Πρέσοβ καὶ πάσης Τσεχίας καὶ Σλοβακίας Ραστισλάβ

**Ἀντιπροσωπεία Οἰκουμενικοῦ Πατριαρχείου**

† ὁ Καρελίας καὶ πάσης Φιλλανδίας Λέων

† ὁ Ταλλίνης καὶ πάσης Ἐσθονίας Στέφανος

† ὁ Γέρων Περγάμου Ἰωάννης

† ὁ Γέρων Ἀμερικῆς Δημήτριος

† ὁ Γερμανίας Αὐγουστῖνος

† ὁ Κρήτης Εἰρηναῖος

† ὁ Ντένβερ Ἡσαΐας

† ὁ Ἀτλάντας Ἀλέξιος

Ἡ Ἀποστολή τῆς Ἐκκλησίας εἰς τόν σύγχρονον κόσμον

† ὁ Πριγκηποννήσων Ἰάκωβος

† ὁ Προικοννήσου Ἰωσήφ

† ὁ Φιλαδελφείας Μελίτων

† ὁ Γαλλίας Ἐμμανουήλ

† ὁ Δαρδανελλίων Νικήτας

† ὁ Ντητρόϊτ Νικόλαος

† ὁ Ἁγίου Φραγκίσκου Γεράσιμος

† ὁ Κισάμου καί Σελίνου Ἀμφιλόχιος

† ὁ Κορέας Ἀμβρόσιος

† ὁ Σηλυβρίας Μάξιμος

† ὁ Ἀδριανουπόλεως Ἀμφιλόχιος

† ὁ Διοκλείας Κάλλιστος

† ὁ Ἱεραπόλεως Ἀντώνιος, ἐπί κεφαλῆς τῶν Οὐκρανῶν Ὀρθοδόξων ἐν ΗΠΑ

Ἡ Ἀποστολὴ τῆς Ἐκκλησίας εἰς τὸν σύγχρονον κόσμον

† ὁ Τελμησσοῦ Ἰώβ

† ὁ Χαριουπόλεως Ἰωάννης, ἐπὶ κεφαλῆς τῆς
Πατριαρχικῆς Ἐξαρχίας τῶν ἐν τῇ Δυτικῇ Εὐρώπῃ
Ὀρθοδόξων Παροικιῶν Ρωσσικῆς Παραδόσεως

† ὁ Νύσσης Γρηγόριος, ἐπὶ κεφαλῆς τῶν
Καρπαθορρώσσων Ὀρθοδόξων ἐν ΗΠΑ

**Ἀντιπροσωπεία Πατριαρχείου Ἀλεξανδρείας**

† ὁ Γέρων Λεοντοπόλεως Γαβριήλ

† ὁ Ναϊρόμπι Μακάριος

† ὁ Καμπάλας Ἰωνᾶς

† ὁ Ζιμπάμπουε καὶ Ἀγκόλας Σεραφείμ

† ὁ Νιγηρίας Ἀλέξανδρος

† ὁ Τριπόλεως Θεοφύλακτος

† ὁ Καλῆς Ἐλπίδος Σέργιος

† ὁ Κυρήνης Ἀθανάσιος

Ἡ Ἀποστολὴ τῆς Ἐκκλησίας εἰς τὸν σύγχρονον κόσμον

† ὁ Καρθαγένης Ἀλέξιος

† ὁ Μουάνζας Ἱερώνυμος

† ὁ Γουϊνέας Γεώργιος

† ὁ Ἑρμουπόλεως Νικόλαος

† ὁ Εἰρηνουπόλεως Δημήτριος

† ὁ Ἰωαννουπόλεως καὶ Πρετορίας Δαμασκηνός

† ὁ Ἄκκρας Νάρκισσος

† ὁ Πτολεμαΐδος Ἐμμανουήλ

† ὁ Καμερούν Γρηγόριος

† ὁ Μέμφιδος Νικόδημος

† ὁ Κατάγκας Μελέτιος

† ὁ Μπραζαβὶλ καὶ Γκαμπὸν Παντελεήμων

† ὁ Μπουρούντι καὶ Ρουάντας Ἰννοκέντιος

Η Αποστολή της Εκκλησίας εις τον σύγχρονον κόσμον

† ὁ Μοζαμβίκης Χρυσόστομος

† ὁ Νιέρι καί Ὄρους Κένυας Νεόφυτος

**Ἀντιπροσωπεία Πατριαρχείου Ἱεροσολύμων**

† ὁ Φιλαδελφείας Βενέδικτος

† ὁ Κωνσταντίνης Ἀρίσταρχος

† ὁ Ἰορδάνου Θεοφύλακτος

† ὁ Ἀνθηδῶνος Νεκτάριος

† ὁ Πέλλης Φιλούμενος

**Ἀντιπροσωπεία Ἐκκλησίας Σερβίας**

† ὁ Ἀχρίδος καί Σκοπίων Ἰωάννης

† ὁ Μαυροβουνίου καί Παραθαλασσίας Ἀμφιλόχιος

† ὁ Ζάγκρεμπ καί Λιουμπλιάνας Πορφύριος

† ὁ Σιρμίου Βασίλειος

Ἡ Ἀποστολὴ τῆς Ἐκκλησίας εἰς τὸν σύγχρονον κόσμον

† ὁ Βουδιμίου Λουκιανός

† ὁ Νέας Γκρατσάνιτσας Λογγίνος

† ὁ Μπάτσκας Εἰρηναῖος

† ὁ Σβορνικίου καὶ Τούζλας Χρυσόστομος

† ὁ Ζίτσης Ἰουστῖνος

† ὁ Βρανίων Παχώμιος

† ὁ Σουμαδίας Ἰωάννης

† ὁ Μπρανιτσέβου Ἰγνάτιος

† ὁ Δαλματίας Φώτιος

† ὁ Μπίχατς καὶ Πέτροβατς Ἀθανάσιος

† ὁ Νίκσιτς καὶ Βουδίμλιε Ἰωαννίκιος

† ὁ Ζαχουμίου καὶ Ἑρζεγοβίνης Γρηγόριος

† ὁ Βαλιέβου Μιλούτιν

† ὁ ἐν Δυτικῇ Ἀμερικῇ Μάξιμος

Ἡ Ἀποστολή τῆς Ἐκκλησίας εἰς τόν σύγχρονον κόσμον

† ὁ ἐν Αὐστραλίᾳ καί Νέᾳ Ζηλανδίᾳ Εἰρηναῖος

† ὁ Κρούσεβατς Δαυΐδ

† ὁ Σλαυονίας Ἰωάννης

† ὁ ἐν Αὐστρίᾳ καί Ἑλβετίᾳ Ἀνδρέας

† ὁ Φραγκφούρτης καί Γερμανίας Σέργιος

† ὁ Τιμοκίου Ἱλαρίων

Ἀντιπροσωπεία Ἐκκλησίας Ρουμανίας

† ὁ Ἰασίου καί Μολδαβίας καί Μπουκοβίνης Θεοφάνης

† ὁ Σιμπίου καί Τρανσυλβανίας Λαυρέντιος

† ὁ Βάντ, Φελεάκ καί Κλούζ, καί Κλούζ, Ἄλμπας, Κρισάνας καί Μαραμούρες Ἀνδρέας

† ὁ Κραϊόβας καί Ὀλτενίας Εἰρηναῖος

† ὁ Τιμισοάρας καί Βανάτου Ἰωάννης

† ὁ ἐν Δυτικῇ καί Νοτίῳ Εὐρώπῃ Ἰωσήφ

Ἡ Ἀποστολή τῆς Ἐκκλησίας εἰς τὸν σύγχρονον κόσμον

† ὁ ἐν Γερμανίᾳ καί Κεντρική Εὐρώπῃ Σεραφείμ

† ὁ Τιργοβιστίου Νήφων

† ὁ Ἄλμπα Ἰούλια Εἰρηναῖος

† ὁ Ρώμαν καί Μπακάου Ἰωακείμ

† ὁ Κάτω Δουνάβεως Κασσιανός

† ὁ Ἀράντ Τιμόθεος

† ὁ ἐν Ἀμερικῇ Νικόλαος

† ὁ Ὀράντεα Σωφρόνιος

† ὁ Στρεχαΐας καί Σεβερίνου Νικόδημος

† ὁ Τουλσέας Βησσαρίων

† ὁ Σαλάζης Πετρώνιος

† ὁ ἐν Οὑγγαρίᾳ Σιλουανός

† ὁ ἐν Ἰταλίᾳ Σιλουανός

Ἡ Ἀποστολή τῆς Ἐκκλησίας εἰς τόν σύγχρονον κόσμον

50 † ὁ ἐν Ἱσπανίᾳ καί Πορτυγαλίᾳ Τιμόθεος

† ὁ ἐν Βορείῳ Εὐρώπῃ Μακάριος

† ὁ Πλοεστίου Βαρλαάμ, Βοηθός παρά τῷ Πατριάρχῃ

† ὁ Λοβιστέου Αἰμιλιανός, Βοηθός παρά τῷ Ἀρχιεπισκόπῳ Ριμνικίου

† ὁ Βικίνης Ἰωάννης Κασσιανός, Βοηθός παρά τῷ Ἀρχιεπισκόπῳ ἐν Ἀμερικῇ

Ἀντιπροσωπεία Ἐκκλησίας Κύπρου

† ὁ Πάφου Γεώργιος

† ὁ Κιτίου Χρυσόστομος

† ὁ Κυρηνείας Χρυσόστομος

† ὁ Λεμεσοῦ Ἀθανάσιος

† ὁ Μόρφου Νεόφυτος

† ὁ Κωνσταντίας - Ἀμμοχώστου Βασίλειος

† ὁ Κύκκου καί Τηλλυρίας Νικηφόρος

† ὁ Ταμασοῦ καί Ὀρεινῆς Ἡσαΐας

† ὁ Τριμυθοῦντος καί Λευκάρων Βαρνάβας

† ὁ Καρπασίας Χριστοφόρος

† ὁ Ἀρσινόης Νεκτάριος

† ὁ Ἀμαθοῦντος Νικόλαος

† ὁ Λήδρας Ἐπιφάνιος

† ὁ Χύτρων Λεόντιος

† ὁ Νεαπόλεως Πορφύριος

† ὁ Μεσαορίας Γρηγόριος

**Ἀντιπροσωπεία Ἐκκλησίας Ἑλλάδος**

† ὁ Φιλίππων, Νεαπόλεως καί Θάσου Προκόπιος

† ὁ Περιστερίου Χρυσόστομος

Ἡ Ἀποστολὴ τῆς Ἐκκλησίας εἰς τὸν σύγχρονον κόσμον

† ὁ Ἠλείας Γερμανός

† ὁ Μαντινείας καὶ Κυνουρίας Ἀλέξανδρος

† ὁ Ἄρτης Ἰγνάτιος

† ὁ Διδυμοτείχου, Ὀρεστιάδος καὶ Σουφλίου Δαμασκηνός

† ὁ Νικαίας Ἀλέξιος

† ὁ Ναυπάκτου καὶ Ἁγίου Βλασίου Ἱερόθεος

† ὁ Σάμου καὶ Ἰκαρίας Εὐσέβιος

† ὁ Καστορίας Σεραφείμ

† ὁ Δημητριάδος καὶ Ἀλμυροῦ Ἰγνάτιος

† ὁ Κασσανδρείας Νικόδημος

† ὁ Ὕδρας, Σπετσῶν καὶ Αἰγίνης Ἐφραίμ

† ὁ Σερρῶν καὶ Νιγρίτης Θεολόγος

† ὁ Σιδηροκάστρου Μακάριος

Ἡ Ἀποστολή τῆς Ἐκκλησίας εἰς τόν σύγχρονον κόσμον

† ὁ Ἀλεξανδρουπόλεως Ἄνθιμος

† ὁ Νεαπόλεως καί Σταυρουπόλεως Βαρνάβας

† ὁ Μεσσηνίας Χρυσόστομος

† ὁ Ἰλίου, Ἀχαρνῶν καί Πετρουπόλεως Ἀθηναγόρας

† ὁ Λαγκαδᾶ, Λητῆς καί Ρεντίνης Ἰωάννης

† ὁ Νέας Ἰωνίας καί Φιλαδελφείας Γαβριήλ

† ὁ Νικοπόλεως καί Πρεβέζης Χρυσόστομος

† ὁ Ἰερισσοῦ, Ἁγίου Ὄρους καί Ἀρδαμερίου Θεόκλητος

Ἀντιπροσωπεία Ἐκκλησίας Πολωνίας

† ὁ Λούτζ καί Πόζναν Σίμων

† ὁ Λούμπλιν καί Χέλμ Ἄβελ

† ὁ Μπιαλύστοκ καί Γκντάνσκ Ἰάκωβος

† ὁ Σιεμιατίτσε Γεώργιος

Ἡ Ἀποστολὴ τῆς Ἐκκλησίας εἰς τὸν σύγχρονον κόσμον

† ὁ Γκορλίτσε Παΐσιος

**Ἀντιπροσωπεία Ἐκκλησίας Ἀλβανίας**

† ὁ Κορυτσᾶς Ἰωάννης

† ὁ Ἀργυροκάστρου Δημήτριος

† ὁ Ἀπολλωνίας καὶ Φίερ Νικόλαος

† ὁ Ἐλμπασὰν Ἀντώνιος

† ὁ Ἀμαντίας Ναθαναήλ

† ὁ Βύλιδος Ἄστιος

**Ἀντιπροσωπεία Ἐκκλησίας Τσεχίας καὶ Σλοβακίας**

† ὁ Πράγας Μιχαήλ

† ὁ Σούμπερκ Ἡσαΐας

### 정교회 성 대 공의회 공식 문서

초판 1쇄 인쇄    2018년 11월 20일
초판 1쇄 발행    2018년 11월 20일

| | |
|---|---|
| 지 은 이 | 정교회 공의회 |
| 옮 긴 이 | 조경희 소피아, 박진성 요한, 박노양 그레고리오스 |
| 펴 낸 이 | 조성암 암브로시오스 대주교 |
| 펴 낸 곳 | 정교회출판사 |
| 출 판 등 록 | 제313-2010-5호 |
| 주 소 | 서울시 마포구 마포대로18길 43 |
| 전 화 | 02-364-7020 |
| 팩 스 | 02-6354-0092 |
| 홈 페 이 지 | www.philokalia.co.kr |
| 이 메 일 | orthodoxeditions@gmail.com |

ISBN 978-89-92941-54-9    03230

정가 10,000원

이 도서의 국립중앙도서관 출판예정도서목록(CIP)은
서지정보유통지원시스템 홈페이지(http://seoji.nl.go.kr)와
국가자료종합목록시스템(http://www.nl.go.kr/kolisnet)에서 이용하실 수 있습니다.
(CIP제어번호 : CIP2018036620)

\* 잘못된 책은 바꿔드립니다.

이 책의 한국어판 저작권은 정교회 세계대주교청과 독점계약한 정교회출판사에 있습니다.
저작권법에 의해 한국 내에서 보호를 받는 저작물이므로 무단 전재 및 무단 복제를 금합니다.